The Japan Society for
Child Study Selection
日本子ども社会学会セレクション

原田　彰

教師論の現在

文芸からみた子どもと教師

北大路書房

もくじ

序章　文芸と教師論の交流へ向けて

1　文芸から教師論へ

さまざまな「教師論」がありうるなかで、本書がとる立場は、やや特異なものであるかもしれない。本書は、主として文芸作品に描かれた教師を取り上げ、ある状況の中での彼女または彼の身の処し方に焦点を当てることによって、そこから「教師論」として学びうるものを引き出すことを意図している。

ある時代によく読まれる文芸作品には、時代を反映する側面と時代を先取りする側面とがある。文芸作品は、その時代の経験や欲求や感覚や観念を反映したり、それらを先取りして描いたりする。この点からすれば、文芸作品は、時代の状況とその変化の兆候について、重要な手がかりを与えてくれる。教師が登場する文芸作品の場合も、教師という存在の特殊性を考慮する必要はあるが、同様のことがいえるであろう。

しかし、ある時代によく読まれる文芸作品には、その時代のある社会層、とくにマイノリティの意識が映し出されない場合があることにも留意すべきであろう。たとえば、第二次世界大戦前の寒村の小学校の教師と子どもを描いた壺井栄の『二十四の瞳』（一九五二）と、同じく戦前の日本の小学校に通った在日朝鮮人である高史明（コ・サミョン）の『生きることの意味』（一九七四）を並べてみると、前者は、それがいかに多くの日本人の心を動かしたとしても、後者のようなマイノリティの視点を備えていないことがわかる。「貧しさ」が生み落とす子どもの「さびしさ」に同情の涙を流すほかに術がない大石先生と、在日朝鮮人である金少年に対して本気で怒る日本人教師の阪井先生とは、きわめて対照的である。そこには、作品が書かれた年代の違いも反映されているにちがいない。

時代を反映するにせよ、時代を先取りするにせよ、文芸作品は、教師という人間をその生活全体において丸ごととらえることによって、教師という存在のありようについて、教師の職業上の役割にとどまらず、もっと広く深く描き出すことができる。一般に、教師論は、教師という職業がもつ役割に限定された教職論になったり、逆に教師という人間のあり方を理念的に論じたものになったりしがちである。これに対して文芸作品は、こうした二つの論じ方を超えた視点を提示してくれるように思われる。

とくに、教師役割を遂行しようとする自己と、その役割をはみ出したりそれに反逆したりする自己との間の葛藤は、それぞれの時代のそれぞれの状況で、それぞれの教師の身の処し方の中にあらわれるにちがいない。文芸作品は、このような自己の諸層の間の葛藤、というよりもむしろ、こうした葛藤を通じて経験される孤独を描いていると考えられる。この種の葛藤は、他者が代わりに引き受けるわけにはいかないので、孤独として経験されることが多いのである。たとえば、『二十四の瞳』の大石先生は、軍国調が強まるなかで要求される教師役割と自分自身の生活つづり方に対する関心との間に生まれる葛藤に悩む（もっとも、彼女はそういう学校に嫌気がさして、教師をやめてしまうという身の引き方をするのだが）。また、いわゆる教職論では、一人の教師の夫婦関係とその教師の学校での取り組みとは、結びつけて取り扱われないのが普通である。むしろ、夫婦関係などは、「私生活」とか「プライベート」という言葉で棚上げされる。現実の教師は、そういうことを公には語らないことが多い。しかし、文芸作品では、夫または妻とかかわっている自分と子どもを相手にしている教師としての自分との間の微妙なずれが描かれることもある。灰谷健次郎の『兎の眼』（一九七四）の小谷芙美先生は、子どもへの彼女自身の取り組みが変わっていくなかで、夫の身の処し方と彼女の身の処し方との違いに気づくようになる。また石川達三の『人間の壁』（一九五七−五九）の尾崎（志野田）先生は、他のさまざまな要因がからむなかで、お互いの身の処し方の対立が決定的な要因となって、夫と離婚する。とにかく、『二十四の瞳』では大石先生と大石久子、『人間の壁』では尾崎先生と尾崎ふみ子、『兎の眼』では小谷先生と小谷芙美の間の対立・葛藤が、それぞれが経験する孤独を生み出すものとして描かれているのである。この三つの作品は、教師が「先生」と呼ばれるときと、「氏名」で呼ばれるときとが区別されている点では共通している（教師を「先生」と呼ぶこと自体、面白い表現なのだが）。

教師がどんな状況のもとでどのような身の処し方をしていくかについて、教師が登場する文芸作品は、それがフィクションによる実験的な試みであればあるほど、「教師論」として学びうる事柄をいろいろと教えてくれる。『兎の眼』の小谷先生は、大学出たての新採用教員であり、しかも結婚したばかりで、いきなり小学一年生の学級担任になる。こんなことは、実際にはほとんどありえないが、こういうフィクショナルな条件設定のもとで、いきなり鉄三というむずかしい子どもをぶつけることによって、彼女がどういう身の処し方をするようになっていくか、という実験が試みられているともいえる。現実の教育の世界では、実験はできないが、文芸作品の中なら、どんな実験でもできる。そういう実験によって、かえってリアリティをえぐり出すことができるのが、文芸作品の創り出す世界ではなかろうか。この点からすれば、マンガという文芸作品は、絵と文字の結びつきによる実験的な虚構の世界をつくり出すことによって、現実の子どもたちの中に潜在する欲求や願望や情念を、かなり屈折しながらも、反映しているように思われる。たとえば、山田浩之は、一九八〇年代以降に登場する「不良教師マンガ」が、「(教師に)関与されたくないが、救済されたい」という教師との関係における子どもたちの願望を反映していることを明らかにした[☆1]。今日のような消費社会においては、こうした子どもと教師の関係は、マンガの中にこそ一番よく表れるものであるとも考えられる。

2　「文学の言葉」で表現される世界

詩歌や小説で使われる言葉は、日常生活の中で人と人の間で使われる言葉とは、同じ言葉ではあっても、レベルが異なると考えられる。大江健三郎は、中学生向けに語った話の中で、言葉を「認識の言葉」「コミュニケーションの言葉」「文学の言葉」の三つに分け、最後の「文学の言葉」について、「それは真実、事実を認識するためじゃないし、情報を人に伝えようとするものでもない。ただ、言葉で作品を作るために、たとえば私は小説を書くんです。皆さんも詩を書くことがあるでしょう。それはなにかはっきり考えるために、というんじゃないです。何か役に立つ情報をつたえようとしているわけでもない。ただ、言葉で自分の世界を表現しようとしていることです。それが文学の言葉」[☆2]と中学生に説明している。

たしかに、作者たちは、たとえば、『人間の壁』の尾崎先生や沢田先生、『兎の眼』の小谷先生などがどういう状況でどのように身を処していくかを描くことを通して、作者自身が創り出す「自分の世界」を表現しようとしているのであろう。それを読む読者たちは、尾崎先生や沢田先生や小谷先生の身の処し方を通して、作者の「呼びかけ」の声を聞き、それに応答しているのであろう。この点からすれば、本書は、このような「呼びかけ」を聞き、それに応える立場に読者としての私の身を置くことによって、そこから引き出しうる「教師論」を見定めようとする試みだといってもよい。

「文学の言葉」による「呼びかけ」が、学校の教室の中で特異なはたらきをする場合があることにも、ここで留意しておきたい。たとえば、金子みすゞの詩を発掘し世に出すことに努めた矢崎節夫は、こんな小学校の先生の話を紹介している。三年の担任のとき、クラスでいじめがあり、先生が力をつくしても、いじめはなくならなかった。そんなとき出会ったみすゞの童謡を読むことで〝心〟をつたえたいと思った先生は、毎日、「終わりの会」のとき、一編ずつ、ゆっくり読み聞かせ、先生の感じたことを話していった。子どもたちは、いつのまにか、この五分間を「みすゞタイム」と呼び、心待ちするようになり、いじめもなくなっていった。その先生は言う。「みすゞの童謡がいじめをなくしたと断言はできないかもしれませんが、わたしはなぜか、そう思いたいのです」[☆3]と。

このように、「文学の言葉」が教師と子どもたちの関係にどのような影響を及ぼすかについては、いわゆる国語教育における教材とは別に、検討する必要があると思われる。つまり、国語教育では、教師と子どもたちの間に国語教材を媒介にして学習指導過程を成り立たせようとするが、上述のみすゞの童謡を子どもに読み聞かせた先生がめざしているのは、どこまで意図的かはともかく（というよりも、この先生は、必死の思いで、結果がどうなるかわからない不確実な投企を行っているのであるが）、教師と子どもたちの間に、日常の言葉とは異なる「文学の言葉」を媒介として持ちこむことによって、日常とは次元の違う世界を創り出し、教師と子どもたちの関係に変化を生み出すこと、そしてコミュニケーションを回復することなのである。とりわけ、たとえば『人間の壁』[☆4]の尾崎先生が（子どもに対して）「その指導力を完全にうしなって、どうすることも出来なかった」のと同じような事態が、当時（一九五〇年代）とは異なる状況の中で広くみられる今日、教科の教材を媒介とする教師と子どもの関係とは別に（もちろん、そこでも、同じ問題はあるのだが）、金子みすゞの詩のように、教室の日常の言葉とは異質な（非日常的な）「文学の言葉」が媒介となって教師と子どもたちの間に入りこむとき、何が起こるのか、もっと目を向けるべき問題があることは、たしかであろう。なお、小説や詩歌のような「言葉」だけでなく、音楽のような「音声」（詩の朗読も「言葉」だけでなく「音声」を伴う）が同じような媒介になりうることにも留意したい。

しかし、本書の関心は、こうした問題に向けられているわけではない。それよりも、「文学の言葉」で表現される世界（＝詩歌や小説の世界）に登場する教師の身の処し方に着目し、その言動や心理の描写を時代状況との関連で分析することによって、そこから「教師論」として学びうるものを引き出すことが、本書の意図している試みなのである。ただ、この二つの問題は、別の事柄でありながらも互いに関連しているので、あえて取り上げて考察を加えたのである。

3　文芸と教育

本書の試みは、いわゆる「文芸の教育社会学」とどのようにかかわるのか、見ておく必要があろう。「文芸の教育社会学」については、片岡徳雄らの研究がある。[☆5] 片岡は、「文学・演劇・テレビ・ラジオ・音楽・美術・彫刻などの文芸諸様式の、人間形成にかかわる意図的・無意図的な社会事象の研究」を「文芸の教育社会学」と呼び、研究領域として、①文芸の価値内容の研究、②文芸がどのように意図的・無意図的な過程において人間形成にかかわるかに直結する研究、③文芸の生産・分配・消費の三者の関連を視野に入れた、文芸の教育力・感化力に関する研究、を挙げている。

このような意味での「文芸の教育社会学」を踏まえることは、きわめて重要であるが、本書の立場は、やや異なるように思われる。

片岡も紹介しているように、「文芸の教育社会学」のもとになる「文学（文芸）の社会学」には、次の三つの方向がある。

① 文学を社会的現象として考察する立場
② 作品の内容・意味と社会構造との関連を追求する立場
③ 文学を人間のあり方や相互関係についての見解表明とみなし、文学を用いて新しい社会学の命題を見つけようとする立場

本書にとって一番参考になるのは、③である。その主唱者である作田啓一[☆6]は、「文芸の社会学」に

は、「文芸作品の内容や形式が、社会の基底的な諸側面によって規定されていることを明らかにしようとする領域」があることを認めたうえで、もう一つの領域として、「文芸作品から社会学的な命題の発見や統合を導き出し、この命題群から成る理論をもって、逆に文芸作品に新しい解釈を与える」という領域を主張している。この領域は、「文学を社会学によって説明するのではなく、文学によって社会学を豊かにすることをめざしており、また文芸作品の検討に関しては、還元主義的な説明をめざすのではなく、解釈学的な理解をめざしている」のである。それは、作田によれば、「文学と社会学の交流」の一つのあり方なのである。さらに、作田は、「この領域を文芸の社会学の一部と呼ぶのが適当であるかどうか、意見は分かれる」が、「この領域が魅力的であることは確か」である、と述べている。

本書は、作田の見解を参考にして、「教師が登場する文芸を教師のあり方や教師と子どもの関係についての見解表明とみなし、文芸作品から教師に関する諸命題を引き出し、文芸によって教師論を豊かにすること」をめざそうとする試みである。それは、いわば「文芸と教師論の交流」の一つの具体的なあり方である。

こうした試みの方向については、次の点に留意しておく必要があろう。たとえば、日本の近代文学は、教師論を豊かにすることができるだけの作品群を生み出している、といえるのだろうか。明治四十(一九〇七)年前後に『坊っちゃん』『破戒』『雲は天才である』『酒中日記』『田舎教師』など、教師を主人公とする作品が出ているが、村井実は、これらの文学作品が「教育について、いかにも手きびしい批判を加えながらも、結局は、いつも逃げ腰であり、要するに逃避的にすぎなかった」☆7と指摘している。たしかに、坊っちゃんは、最後は東京へ逃げ帰ってしまい、丑松は、アメリカかどこかに逃げていこうとし、清三は、ただ悶々とした日々を送るだけである。考えてみると、このような教師を主人公とする文学作品しか持てなかったのは、近代日本の不幸であった、というほかないようにも思われる。

しかし、いろいろな文芸作品があってよいのも、たしかである。たとえば、マンガには、小説と変わらぬストーリー・マンガもあれば、ギャグ・マンガやナンセンス・マンガもある。本書で取り上げる永井豪『ハレンチ学園』（一九六八）は、これでもか、これでもか、というほど教師を貶めているが、自己中心的な快楽主義者としての教師を登場させるという今までにない視点から、教師のありようを照らし出してくれているのである。ナンセンス・マンガだからこそとらえることができる教師像もありうるのである。「文芸によって教師論を豊かにする」とは、「教師はこうあるべきだ」といった、何か規範的な教師のあり方を引き出すことを意味しているわけではない、ということをことわっておきたい。

4　方法の問題

本書で取り上げる「教師論」の素材になりうるものとしては、一応、次の三つが考えられる。

① 教師が登場する文芸作品（小説、詩歌、マンガなど）
② 教師の実践記録
③ 研究者による教師の調査・研究

まず、①教師が登場する文芸作品は、すでにみたように、何よりも、「教師論」の素材として取り上げるべきものである。広く考えれば、小説、詩歌、マンガ以外に、映画、テレビ・ドラマなども入ってくる。これらのジャンルによってその特性が異なるので、どのように取り扱うかについては、一律にはいかないであろう。また、このなかには、ノンフィクションも含めた方がよいだろう（その理由は後述する）。

次に、③研究者による教師の調査・研究は、本書の素材として取り上げることができるだろうか。一般に、研究者の研究業績は、「科学的」ということを自称しており、他の人々からも、そのようなものとして評価されていないわけではないが、だからといって、③が①、②よりも特権的な地位を主張できるわけではないであろう。というよりも、③がめざすもの（「科学的」であろうとすること）は、①、②がめざすものとはレベルが異なると考えた方がよいかもしれない。ただ、「描かれた教師」をとらえるという本書の立場からすれば、①、②、③は、いずれも教師をそれなりのしかたで描いたものであって、その描かれ方が主観的であろうと客観的であろうと、想像的であろうと現実的であろうと、フィクションであろうとノンフィクションであろうと、同じものだともいえるのである。あえていえば、研究者による教師の調査・分析よりも教師を描いた小説の方が、教師の世界の深層の欲求や願望や情念をよりよくとらえている、ということもありうるであろう。とにかく、本書では、③は取り扱わない。③が①、②とはレベルが異なることは、やはり否定できないからである。なお、グッドソン『教師のライフヒストリー』の訳者である山田浩之は、「ライフヒストリーは個々の教師の授業や学校内での実践のみにとどまらず、その生活や人生まで包含した分析を行う」[☆8]と述べているが、このような研究の進展は、本書の立場からは、歓迎すべきものである。

順序が逆になったが、②教師の実践記録については、どのような素材として使うことができるか、慎重な検討が必要であると思われる。

かつて清水義弘は、教師の「教育的実践記録」について、それが教師の具体的な経験から出発するかぎりでは、経験科学・実証科学としての「教育科学」と同じ手続きを踏むが、しかし、それが「教育科学」に達するためには、突破しなければならない三つの関門がある、と指摘した。一九五五年のことである。清水のいう三つの関門とは何か、見てみよう。☆9

第一の関門は、「記述の不完全とその主観性の克服」である。実践記録は、「観察者であり同時に実践者である教師の、子どもにたいする意識と行動の展開、これに応ずる子どものパーソナリティの変容過程、さらに教師と子どもの力動的相互作用の全過程にたいする教師自身の「客観的」反省という三つの複合的契機」を含む複雑な構造を持っている。このように複雑な実践を記述し、その記述の主観性を克服した「客観的分析」を生み出すことは、多忙な実践者であると同時に参与観察者であろうとする教師にとっては、きわめて困難である。

第二の関門は、「文芸的記述のパターンの克服」である。「教育的実践記録には、科学的記録よりも文芸的記録が多い。それは、日記としてつづられたにせよ、またレポートとしてまとめられたにせよ、少なくとも読者を予想するかぎりにおいては、一つの作品であり、フィクションである。しかも、ジャーナリズムの手を通して商品となった『教育的実践記録』は、『真実の記録』というよりも、虚構の文学、私小説、実験小説に近い。教育科学というよりも、教育文学である」。ここから、「理性の支えのないエモーション」「未来にたいする教育的願望の目録」「ユートピア的教育文学」といった特徴が出てくる。

第三の関門は、「実践記録をうちから支えている潜在的な英雄主義、模範意識、ないしは一般化の態度の克服」である。「わたしはこんなによくやった。わたしをみてください。わたしをみならってほしい」という内密な言葉が、実践記録のうちに潜んでいるモチーフである。そこから、「方法的反省を欠いたイデオロギー的一般化、観念や情熱のうえでの連鎖反応の期待、不消化な英雄的行動によるハッピー・エンドの結果、成功した事例の陳列」といった特徴が出てくる。

以上は、清水が克服すべき関門として挙げたものである。このような特徴を逆手にとって考えてみると、とりわけ、「教師の実践記録」が「文芸的記録」であり「教育文学」であるとすれば、それは、一つの物語として、「文芸作品」と同じレベルのものとして取り扱えるということになるであろう。もっとも、本書では、「教師の実践記録」が本格的に取り上げられているわけではない。「文芸作品」(小説、ノンフィクション、詩歌、マンガなど)を中心にしながら、それを補充するものとしてのみ「教師の実践記録」を使用している。

ちなみに、戦後の「教師の実践記録」は、「生活つづり方教育運動」とつながる面が強い。無着成恭、小西健二郎、東井義雄などの名を思い浮かべることができよう。これらの人たちは貧しい農村の小中学校の教師であるが、とくに東井に代表されるように、農本主義的である。そこには、鶴見俊輔が指摘するように、「存在の底に働いている善意を信じ、存在を受け入れてしまう」という「善意と受容の哲学」[☆10]がある。そして、久野収がいうように、「東井君、無着君、小西君、どの場合も、行動なり、コミュニケーションなりの成功の成果が記録されるということになる。途中にいくらにがい失敗を重ねても、これだけのものが積み重なり、これだけのメリットをあげました、という面がある」[☆10]。たしかに、「教師の実践記録」の多くは、「成功した事例」の記録という特徴を持っているが、その背景にはこのような問題があることを見落としてはならないであろう。ただし、「成功した事例」だけを取り上げるという傾向は、小中学校が行う公開研究会などでは、長く続いてきている。「失敗」を「失敗」として意識化することが、教育の現場では忌避されてこなかったかどうか、検討が必要だと思われる。この点については、とくに国立大学附属学校で、教育実習生が子どもの前で「教師」であることを強く求められ、「教育に失敗は許されない」と厳しく指導されてきたことも関連があるのではなかろうか。教育実習生は、「失敗」から学んで成長するのではないか。もちろん、そのためには、実習生の真剣な取り組みが前提となるが。

なお、「文芸作品」の中に「ノンフィクション」を含めた理由を明確にしていなかったが、この点についても、その作品が自分自身で経験し観察し省察したことを「自分の世界」として表現しようとしているかぎりにおいて、私はそれを「文芸作品」と同様に考えたい。本書では、「文芸作品」を補充するものとして「ノンフィクション」を取り上げる場合がある。

本書は、日本の「昭和」と呼ばれた時代を主要な考察の範囲とした。そのうえで、次のような一種独特の時代区分を行った。すなわち、「貧しさ」の時代、「やさしさ」の時代、「消費社会化」時代である。

「貧しさ」の時代

第二次世界大戦前から敗戦後にかけて、「豊かさ」の時代が訪れる以前に、「貧しさ」という言葉によって表される時代があった。それは、工業化は進展しているが、農業人口の割合が高く、依然として農業社会的性格が残りつづけている時代といってもよいだろう。『二十四の瞳』『人間の壁』などの文学作品、近藤芳美が『朝日歌壇』の選者として見てきた教師たちの短歌、教育実践者である斉藤喜博の短歌、教師の実践記録などをもとに、「貧しさ」の時代の教師たちの身の処し方や子どもとの関係などの特徴を引き出すことを試みた。

「やさしさ」の時代

一九七〇年代を中心に、「やさしさ」という言葉が特異な色調を示した時代がある。高度経済成長の失速、公害反対運動、差別・抑圧からの解放運動などの動きの中で、「やさしさ」の教育思想とでも呼ぶべき訴えの声が強まるのが、この時代の特徴である。だが、その裏側では、「工業化」と「学校化」が頂点に達し、学校の「効率化」と「管理社会化」が強力に進んでいた。高史明、灰谷健次郎、林竹二に代表される「やさしさ」の教育思想を検討することを通して、この時代のこの思想を担った教師たちの身の処し方を浮き彫りにしてみたい。外部の社会とのつながりを絶って内部に閉じこもるという、いわば管理社会化された学校の教師たちの現実の姿は、背後に退くのだが。

「消費社会化」時代

一九七〇年代は、日本の社会が大きく変動した節目の時期といわれるが、「消費社会化」と「情報化」は、それが学校に与えた影響という点では、現在も続いている変動であるとともに、それを明瞭にとらえることがきわめて困難な変動でもある。

鶴見俊輔は、一九七五年の『論壇時評』（朝日新聞）で、次のような対談の一部を紹介している。[☆11]「月刊の教育誌『のびのび』連載の大島渚の対談も毎号愛読している。今月は赤塚不二夫が登場して漫画について語る。

大島　漫画というのは、学校教育で教えこもうとしていることと対立しているわけでしょう。

赤塚　そう。

大島　ふしぎだな。対立しながら共存しているんですね。ひとりの子どもの人格の中では。（略）

赤塚　漫画もよめないような子はどうしようもない。

赤塚不二夫の父は警察官だそうだが、そのせいか、赤塚の漫画には、警察官が主役の一人として出てくる。大島によると、明治以後、警察をかいた文学も映画もなくて、日本の文化はお上に対して弱い文化だというが、赤塚の「天才バカボン」や山上たつひこの「がきデカ」（『週刊・少年チャンピオン』）をもつ漫画は日本思想に新しい領域をきりひらいた」

「消費社会化」時代は、マンガがもっとも重要な素材となると思われるが、その取り扱い方が確立しておらず、またマンガ作品を系統的に収集したり分析したりすることは、私のように必ずしもマンガに親しんでこなかった世代のものには無理があるため、本格的に考察することができていない。しかし、私は、一九六八年という非常に早い時期に『少年ジャンプ』に連載された永井豪『ハレンチ学園』が、「消費社会化」の中での子どもと教師の関係のありようを萌芽の形でもっともよく描いた作品である、という仮説を立てた。そして、この作品を分析の対象にすることとした。

本書の意図を要約すれば、次のようになるであろう。

「貧しさ」の時代や「やさしさ」の時代を生きた教師たちや子どもたちの心の痛みや隠れた訴えをもっともよく表現しているのは、しばしば文学作品である。それぞれの時代に生まれた文学作品は、その時代の欲求や感覚や観念を表現しながら、それにとどまらず、その時代を超えて、教師と子どもの関係や教師の身の処し方を示すことによって、現在の読者の自由に呼びかけている。現在の読者は、これらの過去の文学作品との対話を通じて、教師論の現在を改めて見直すことができるであろう。本書は、私自身が行った文学作品との対話を通じて学びとった教師論を、仮説的に提出することによって、本書を読む読者の自由検討に委ねようとする試みである。その場合、私が昭和十二(一九三七)年に生まれ「昭和」の時代を生きてきたことからくる本書の特徴と制約が考慮されねばならないであろう。

「消費社会化」時代には、子どもが大人と同様みずから商品を購入し、企業も子どもを対象とする商品を開発・販売し、子ども向けのテレビ・コマーシャルが独特の形で必要になる社会が成立する。その結果、子どもは消費者としては大人と変わらぬ存在となり、ほとんどの子どもが高校まで学校生活を経験せざるを得ないにもかかわらず、学校の「生徒」に収まりきらなくなる。「貧しさ」の時代には、教師は、「貧しさ」のため学校に来られない子どもにどうすることもできない無力感を感じることがあったとしても、少なくとも学校では「生徒」を相手にしていた。子どもの方が学校や教師に反抗することはあっても、それは、あくまで「生徒」としての反抗だった。だが、「消費社会化」時代は、脱「生徒」の時代である。もっとも、学校が子どもにとって満足のいく「サービス」空間であれば、子どもは消費者として学校生活を送るであろう。一方、教師の方も自己中心的な快楽主義者となる社会的条件が生まれているように思われる。このような時代における子どもと教師の関係を、マンガ作品を通して考えてみたい。その場合、マンガは「言葉」化できない感覚や情念を表現しているが、私がそのマンガのわからない世代の一人であることが本書を制約する条件となるであろう。

なお、本書では、マンガの絵の引用は差しひかえたこと、引用した短歌には作者名を省略したものがあること、種々の著書からの引用はたまたま手元にある出版物を使用した場合が多いこと、などをことわっておきたい。

1章 「貧しさ」の時代の教師と子ども

1節 『二十四の瞳』の時代

1 『二十四の瞳』を読む

一九五四（昭和二九）年頃だったと思うが、当時高校生だった私は、大ヒットした映画『二十四の瞳』（木下恵介監督）を映画館で見た記憶がある。スクリーンに映る大石先生はよく泣いたが、映画館の中の観客も泣いていた。実際、この映画については、そのように思い出す人が多い。しかし、その後大学時代に手にした壺井栄の原作（一九五二）の方はあまり私の印象に残らなかった。小説の細部に目を行き届かせる力が、学生の私には不足していたのだろうか。それとも、大石先生を演じた女優高峰秀子の映像の与える印象が強すぎたのだろうか。小説と映画はやはり別だ、ということがあるかもしれない。

それから時を経て一九八一〜八三（昭和五六〜五八）年頃、国立T大学教育学部教員（教育学）だった私は、教養部で「文学と教育」という教養ゼミを複数の教員（国文学、日本史）と一緒に担当した。主として教育学部一年生約三十人が集まった教室で展開されたのは、日本の文学作品に登場する教師たちについて、四、五人からなるグループがあらかじめ準備したことを全体に報告し、全員で話し合い、三人の教員がコメントする、というやり方だった。このゼミで、私は改めて『二十四の瞳』を読んだが、今記憶をたどってみても、やはり印象は薄い。あのときは、『破戒』や『人間の壁』の方に私自身が力を入れてゼミに臨んでいたせいかもしれない。ただ、これらの作品の中の「貧しさ」が、学生たちにはすでに実感できないものになっていたこと、そして日本史の教員が、種々の農機具を実際に知らない学生たちと歴史の勉強をすることのむずかしさを語ったことなどは、今もよく憶えている。

このたび久しぶりに読み直した『二十四の瞳』は、戦争への静かな憤りの中にもユーモアに満ちた語り口に、味わい深いものがあると感じられた。よく読んでみると、物語の舞台となる昭和の初めから敗戦後にかけての瀬戸内海べりの一寒村の人々の「貧しさ」が、細かく描かれている。

一九二八（昭和三）年に女学校の師範科を出たばかりの大石先生が赴任した岬の突端にある村の分教場の一年生十二人の子どもたちの家の職業としては、とうふ屋、米屋、網屋、料理屋、チリリン屋、大工、よろず屋、そして没落した旧家などが出てくる。

「それぞれの家業はとうふ屋とよばれ、米屋とよばれ、網屋とよばれていても、そのどの家もめいめいの商売だけではくらしがたたず、百姓もしていれば、かたてまには漁師もやっている、（略）だれもかれも寸暇をおしんではたらかねばくらしのたたぬ村、だが、だれもかれもはたらくことをいとわぬ人たちである（略）」[☆1]（26頁）

2 労働力としての子ども

小さな子どもたちも、学校から帰るとすぐに子守になり、麦つきを手伝わされ、網引きにいく。村の共同体の中で生活する子どもたちは、学校に行くと「生徒」になるが、下校するとその労働力に応じて「小さなおとな」になるのである。学校の「生徒」は、天皇に忠良な臣民となること、あるいは産業社会での勤勉な働き手となることを求められるが、猫の手も借りたい村の共同体の中の個々の家では、子どもは何よりも労働力であった。昔から十歳になるまでは遊んでもよいというのが掟だったが、手のかかる弟や妹がいると、女の子は子守役を引き受けなければならなかった。

敗戦後十年を経た頃、朝日新聞の『朝日歌壇』に、こんな歌が掲載されていた。

先生の手は白いねと児らのいうみな小さき労働力なる彼ら

選者の近藤芳美[☆2]は、このような教師の作品を通して、「教育の実践の現場の数々を知るとともに、彼らが教育者としていだく苦渋の思いをも聞くことが出来る」（66頁）と述べ、この歌については、「家では彼らは親たちを助け、農労働に従う。一人一人、小さな労働力である。その事実に気付き、その事実にむかうときの無力を知る」（69頁）と解説を加えている。

私事になるが、かつて日本の植民地だった朝鮮に生まれた私は、第二次世界大戦後内地に引き揚げ、国民学校二年生（一九四五年）の十月から三年半の間、農村で過ごした。農家の子どもたちは、暇さえあれば、原っぱや川や山、空き地、お宮の境内などで、異年齢タテ型仲間集団を形成し、メンコ、ビー玉、釘たて、魚とり、チャンバラ、かくれんぼ、缶けり、陣とり、ジャンケンとび、縄とび、石けり、草花の遊び、その他さまざまなことをして悪童ぶりを発揮していた（女の子は子守をしながら遊ぶこともあった）。しかし、同時に、田植え、田の草取り、稲根喰い葉虫の除去、稲刈り、落ち穂拾い、稲こき、籾の片付け、わら塚づくり、麦播き、麦踏み、麦刈り、麦こき、麦つきなど、季節ごとの農作業に年齢相応に参加し、井戸の水汲み（釣瓶を使う）、風呂焚き、かまどの煮炊き（火吹き竹を使う）、たきぎ拾い、薪割り、草刈り、牛の世話など、多くの家事労働にも従事していた。農繁期には、学校の休業日もあった。また学校行事として、子どもたちが田植え、麦踏みなどの手伝いに校外へ出かけることもあった。わらを打つ、縄をなう、わら草履を作る、渋柿の皮をむく、干柿をつるす、石臼をまわす、肥えたごを運ぶなど、細かく調べれば、子どもがその労働力に応じて手伝う仕事はまだいろいろあったであろう。

農家の子どもたちにとって、これらの作業は、農業を中核とする生活の必要から生まれるのであって、決して外から特別に彼らに添加されるようなものではなかった。植民地（そこで経験したのは消費生活だけだった）から引き揚げてきた私にはまったく経験がなく要領がつかめない農作業を、村の子どもたちは、学校で植えつけられるような「観念」（学校知）ではなく、小さいときから身体で覚えた「感覚と技能」で黙々とこなしていた。

こうした農村風景は、当時全国いたるところに見られたのであるが、私が過ごした村は経済的には比較的恵まれていた。しかし、昭和初年から敗戦後にかけての『二十四の瞳』の中の寒村の「貧しさ」は、もっと厳しかったように思われる。分教場の十二人の生徒たちが五年生になって片道五キロの道を本村の小学校に歩いて通うようになってから出てくる事例でいえば、子だくさんの中で不幸にも母親が死ぬと上の娘は家事や小さい子の世話で学校に行けなくなったり、没落した旧家の娘がやがてその身を売らねばならぬ運命が待っていたりする――そんな時代だったのである（そのうえ、子どもたちは軍国調が強まるにつれて戦争へと駆り立てられていく。そのことへの静かな抗議が、この作品の主題である）。

3 大石先生という人

分教場では、二人の先生（三、四年担任の男先生と一、二年と音楽・裁縫担任のおなご先生）が教えることになっていたが、宿直室に住みついている男先生も、貧しかった。

「いつもげたばきで、一まいかんばんの洋服はかたのところがやけて、ようかん色にかわっていた。子どももなく年とったおくさんとふたりで、貯金だけをたのしみに、けんやくにくらしているような人だから、人のいやがるこのふべんな岬の村へきたのも、つきあいがなくてよいと、じぶんからの希望であったというかわりだねだった」☆1（18頁）

苦労を重ねて検定試験で教員の資格を取ったが、校長にはなれない、こんな男先生の最後の勤め先が分教場だった。これに対しておなご先生の方は、女学校出の新米の先生（準教員）が着物姿で遠い道を歩いて通い、一年かせいぜい二年すると転任するのが普通だった。それは、昔からあるきまりきった規則のようなものだった。

そんな分教場に、洋服を着て自転車に乗って颯爽とやってきたのが、女学校の師範科を出たばかりの正教員の大石先生だった。この「ハイカラさん」は、たちまち村中の評判になる。どんな小さな出来事でも、たちまち知れわたる小さな村である。口さがない村人のうわさには尾ひれもついてくる。しかも、彼女のハイカラさは、村の共同体にそのまま受け入れられるものではなかった。村の人たちからすれば、教師は明らかにヨソモノである。男先生のように宿直室に住み込んで村の人と同じものを食べ同じ言葉を使えば、村の人たちもうちとけて魚や野菜を持ってきてくれるようにもなる。だが、村ではまだ乗る者もいない自転車に乗って洋服でやってきたのだから、村の人たちは彼女に気を許すことができなかったのである。もちろん、大石先生（大石久子）の方にも事情はあった。船乗りの父親が早く死んで母子家庭で育った彼女は、下宿することも勧められるが、師範科での二年間、一人きりにした母親と一緒に暮らしたくて、片道八キロの道を通う決心をする。

「自転車は久子としたしかった自転車屋のむすめの手づるで、五か月月賦で手に入れたのだ。着物はないので、母親のセルの着物を黒くそめ、へたでもじぶんでぬった。それともしらぬ人々は、おてんばで自転車にのり、ハイカラぶって洋服をきていると思ったかもしれぬ」（20頁）

母一人子一人の苦労を表に出さず、持ち前の明るさと茶目っ気で振る舞おうとする大石先生に対して、村の人たちの批判の目は厳しかった。しかし、先生が落とし穴に落ちて怪我をし、いつまでたっても学校に姿を見せない先生の家まで一年生の子どもたちが八キロの道を歩いて会いにいくという事件をきっかけに、大石先生は村の共同体に受け入れられる。「ひちむつかしい」村ではあるが、「そんな村は、気心がわかったとなると、むちゃくちゃに人がよい」（90頁）のである。だが、その先生も、本村の小学校に転任になる。

その後、五年生になった十二人の子どもたちが、片道五キロの本村の小学校に歩いて通ってくるようになる。しかし、軍国調への時代の動きは激しく、否応なく戦争へと人々をつき動かしていく大きな力の中で、男の子の多くが軍人を志望するようになる。そして近くの町の小学校の生活つづり方に熱心な教師が警察に捕まるという事件のあと、大石先生は、授業中生徒に「赤って、なんのことか知ってる人？」と聞いて校長に「気をつけんと、こまりまっそ。うかつにものがいえんときじゃから」（124頁）と注意されたり、生徒と「先生、軍人すかんの？」「うん、漁師や米屋のほうがすき」「へえん、どうして？」「死ぬの、おしいもん」「よわむしじゃなあ」「そう、よわむし」といった会話をして教頭に「大石先生、赤じゃと評判になっとりますよ。気をつけんと」と注意されたりして、ついに母親に「わたし、つくづく先生いやんなった」（146-147頁）と訴えるのである。「赤」が何であるかも実はよくわからず、国家権力に刃向かったのでもなく、世間に反抗したのでもないが、学校で「なんとなくめだち、問題にもなる」大石先生は、船乗りの婿との間に子どももできるということもあって、十二人の子どもたちが六年生を終えた次の年度の始まりとともに送り出される人となる。退職した翌日は、「だいじなものをぬきとられたようなさびしさ」（152頁）を感じるのだった。

ここで、前記の生活つづり方に熱心な教師が捕まった事件と同じ頃（一九三三年）、実際に起こった事件について後年書き残した一人の女性の文章を引用しておきたい[☆3]。彼女は当時小学六年生だったが、地方新聞に、町の若い男女が集まって赤い思想を勉強していた、という記事がデカデカと報道された。町中で「この非常時に非国民である」と噂され、子どもも「そうだ、そうだ」といった。

「忘れもしない体操の時間であった。体操の教師はきびしい表情だった。……『このごろ、みんなが、この間新聞に出た事件を話題にしている。（略）一つの事件をみて、おとなの言うことを、そうだ、そうだと鵜呑みにしてはいけない。世間にはいろいろの考えがあるのだから、勉強をして、自分の考えを持たなければならない。やたらに非難ばかりしてはいけないと思う』と先生が言った。この言葉はわたしにとって衝撃であった。こういう意見をいう教師にめぐりあったのは、初めてのことであった」（122頁）

話を戻すが、それにしても、「明るさ」と「茶目っ気」は、「子どもがよくなつく[☆1]」（149頁）ことと並んで、大石先生の何よりの特徴だった。彼女はよく泣くが、同時に、「思わずふきだし」たり、「きゃっきゃっとわらっ」たり、「はらをかかえて、思うぞんぶん笑った」り、よく笑う人であることは、小説を読めばよくわかる。だが、2章で取り上げるが、一九七〇年代に入ると、灰谷健次郎の『兎の眼』（一九七四）に見られるように、子どもとの間に距離をとり子どもの上に立って慈愛を注ぐような、そして子どもの不幸をただ嘆くほかに術のないような『二十四の瞳』的教師像は、否定＝乗り越えの対象とされるようになる。たしかに、大石先生は、母親がお産で死んで弟妹の世話で学校に来られなくなった女の子に、ほしがっていたユリの花の弁当箱を買ってやることはできたが、「貧しさ」が生み落とした子どもの「さびしさ」をかわいそうと涙ぐむだけで、どうする術も知らなかった。彼女にできることは、子どもと一緒に歌をうたうことだけだった。しかし、生身の大石久子は、母子家庭の貧しさの中を甲斐甲斐しく振る舞い、母親に甘えてわがままもいう「ふつうの人間」（30頁）だった。そして、軍国調が強まる中で、茶目っ気のある抵抗を示しながらも、教師をやめてしまうのである。家にいないことが多い船乗りの夫がどんな態度を示したのかは、何も書かれていないのだが。

大石久子は、主婦として母として苦労を重ねる。その間、夫が戦死し、母親が病死し、三番目の子が病死する。久子は急に老けこむ。戦争の傷あとは大きかった。かつての十二人の教え子たちも、男子五人のうち三人が戦死、一人が失明、女子は一人病死、一人は行方知れずだった。卒業していった教え子の戦死は、当時、多くの教師が経験したことであった（これらの経験が、「教え児を再び戦場に送るな！」という日本教職員組合のスローガン（一九五一年）を生んだ）。敗戦の翌年、老朽と呼ばれる身にもかかわらず、久子は母子家庭を支えるため再び分教場に臨時教師（助教）として勤めることになる。「きていく着物さえもないほど、生活は窮乏のそこをついていた」（178頁）。その後、大石先生が学校でどうなったかは、この小説には描かれていない。

2節　戦後教育への視点

1　戦争責任の問題

戦前から戦後にかけて、大石先生のような教師は実在しえたであろうか。映画評論家の佐藤忠男は、戦時中のみずからの経験を踏まえて、次のように述べている。

「戦争中の教師はぜったいに聖職ではなかった。もし戦争中、『二十四の瞳』の大石先生のように、軍国主義教育に嫌気がさして教師をやめた人が本当にいたとしたら、その人だけが聖職ということの意味を知っていたことになる[☆4]」

だが、『二十四の瞳』の作者は、敗戦後の時点に立って、戦争を反省する視点からこの小説を書いたのであり、そこには、「このような教師がいてくれたなら」という作者の願いや祈りがこめられていたのではなかろうか。「(戦争中は)いっさいの人間らしさを犠牲にして人々は生き、そして死んでいった[☆1]」(178頁)と記している。また作者が大石先生をいわゆる「師範タイプ」(上からいわれたことは忠実にやり、そこからはみ出すことはしない、上の人にへつらい、下の者には権威的、表裏があって陰湿、優越感と劣等感の共存など[☆3])(324頁)として描いていないことは、彼女の茶目っ気のある小さな抵抗を見ればわかるはずである。

しかし、『二十四の瞳』については、日本人の戦争責任に対する視点がないという批判もある。同じ佐藤忠男が、映画『二十四の瞳』について次のように述べている。

「この映画は、戦争はもう二度といやだという気持ちを国民的規模でひき起こした傑作であり大ヒット作である。私も泣いて、日本映画史上の最良の作品のひとつであると評価している。しかし、あとで考えると疑問も生じるのである。戦死した教え子たちは、あの無邪気なあどけない少年のまま死んだのではない。それぞれに屈強の青年となって戦場に行ったので、敵を殺しもしただろうし、なかには残虐行為をやった者もいたかもしれない。ただその部分はきれいに隠されており、まるで純真無垢なままに戦争の犠牲になっただけであるような錯覚が生じる。先生自身、学校が軍国調になると退職して軍国教育で手を汚さずにすんだように、これでは全く一般の日本人には戦争責任がなかったかのようである。悪いのは軍部で、一般国民には責任がない、と積極的にこの映画が主張しているわけではないが、まるでそんな感じであり、じつはそれだからこそ、この映画は戦争が嫌というたんに心情的な国民的合意のシンボルのような名作になりえたのではないか」[☆5]

実は、佐藤はこういう趣旨の批判を木下恵介監督に対して行ったのであり、彼が問題にしているのは、小説ではなく、映画の方だとみなしてよいように思われる。小説の中には、「戦争の責任」という言葉が一か所だけ出てくる。戦争中、戦死者が出ると、その家には「名誉の門標」(「戦死」の二字をうかした細長い小さな門標)が小さな二本の釘と一緒に状ぶくろに入れて届けられ、家の人はそれを門口に飾った。四人戦死した家には、四つの門標がその家の門にずらりと並んだ。軍国調の波を被った息子の大吉たちは、尊敬の目でそれを仰ぎ見た。大石久子は「こんなもの、門にぶちつけて、なんのまじないになる。あほらしい」[☆1](184頁)といって、戦死した夫の「名誉の門標」を火ばちの引き出しにしまいこんだが、そんな母を恥ずかしく思う長男の大吉がそれを門の鴨居の正面に打ちつけた。しかし、昭和二十年八月十五日(敗戦の日)が過ぎると、これらの門標は村から姿を消した。この小説の作者は、「それで戦争の責任をのがれでもしたように」(186頁)と記している。村の人たちのこうした行動に対して、作者は「日本の民衆の戦争責任」を静かに問いかけている。それは、静かすぎて、目立たない問いである。

大石久子は、戦争中、教師ではなかった。「(大石先生は)退職して軍国教育で手を汚さずにすんだ」という佐藤忠男の指摘もあるが、教師ではない久子は、一人の庶民として、彼女なりのやり方で軍国主義への小さな抵抗を示した。だが、それは目立たない抵抗だった。大きな身振りでそれを示すことができる時代ではなかった。敗戦後、久子は、いつやめさせられるかわからない臨時教師として教壇に立ったが、戦死した教え子のことを思い出して涙を流す「なきみそ先生」だった。とはいえ、戦後の久子が以前の「明るさ」と「茶目っ気」を失ったといったら、それはいい過ぎであろう。小学生の息子たちと亡くなった末っ子の年忌をしようと約束した日（日曜日）が、かつての教え子たちが分教場に再び赴任した彼女のために開いてくれる歓迎会の日と重なったとき、次男が自分たちの約束の方が先だと主張し、「民主主義だもん」（209頁）といった。久子は思わず吹き出したが、二つの約束を両立させるため、彼女は息子たちに新たな提案をする。「年忌は延期する。その代わり、日曜日は歓迎会場の料理屋までピクニックをし、歓迎会がすむまで息子たちは八幡様や観音さんで遊び、波止場で弁当を食べる」という提案である。息子たちは「わあっ、うまい、うまい」（210頁）と歓声をあげる。母子家庭の母と子の「つながり」の温かさが伝わってくる。

たしかに、学校での「なきみそ先生」がその後どうなっていくのかは、何も書かれていないのでわからない。しかし、この父のいない家庭の母と子のやりとりの中には、次々と重なる家族の死によってしみじみ味わった「人のいのちのとうとさ」（189頁）を根底においた「家庭の民主化」の芽があったのではなかろうか。一九五七〜五九年に朝日新聞に連載された『人間の壁』は、このような芽が容易には育たない家庭の状況を克明に描き出している。この『人間の壁』という小説は、「教育の民主化が困難を伴うのは、家庭の民主化ができていないからであった」☆6（下巻64頁）という視点から、子どもたちが学び育つ土壌を教師と親(保護者)が協働してつくり上げることができない状況に目を向け、そうした状況を生み出している厚い「人間の壁」をどう乗り越えていくかを、教師の側に立って訴えていたように思われる。それは、対立を深める政治状況の中では、むずかしい課題だったが。

2 植民地とマイノリティへの視点

戦前の日本では、たとえば、障害者は戦争に協力できないため「非国民」と見なされた、という証言がある。『二十四の瞳』は、生活つづり方教師のように、「非国民」として国家からも世間からも排除された人がいたことを描いていた。大石先生自身、もう少しで赤だという疑いをかけられかねないことも起こっている。しかし、この小説には、たとえば植民地の被支配者に対する包摂と排除のありようなどは、もちろん、出てこない。私事になるが、私の父は日本の統治下にあった朝鮮で朝鮮人の子女の教育に携わった。みずから行った朝鮮人に対する教育について一言も語らないまま、父は戦後を生き、この世を去っていった。朝鮮人に日本語を強制した学校の教員だった父に問いたいことをかかえながら、結局、私は何も聞き出すことができなかった。『兎の眼』(一九七四)に登場するバクじいさんが若い頃朝鮮で就職した「東洋拓殖会社」は、字の読めない朝鮮人の農民をだまして取り上げた土地を日本人に売る仕事をしていた。朝鮮人の子どもが通う学校の日本人教員は、朝鮮で、何をしたのか。『二十四の瞳』にはない一つの視点として、この問題に目を向けておこう。

『からゆきさん』(一九七六)で知られる森崎和江は、『慶州は母の呼び声』(一九八四)☆7の中で、大邱高等普通学校教員、そして慶州中学校・金泉中学校の校長を務めた父について語っている。敗戦後、九州で生活を始めた公職追放の父と結核を病んだ子は心深く傷つき、「植民地での人生に対する灼けつくような自問」（214頁）をかかえていた。森崎は書いている。

「さつまいもの畠を耕すかたわら、父が慶州時代の生徒たちの名を書きとめていった。創氏改名をさせられた彼らの、本来の名を書き出すのだった。ところどころに空欄ができて日本名のまま残る。父は英国の憲法を翻訳しては大日本帝国憲法と対照し、天皇が神となった道程を国体と自分の中にたずね、占領下を寝ているわたしに言う。『あの生徒たちは、ひとりでものを思っている時も日本語を使っているだろう』。わたしは大声をあげて泣き出した。父が目がしらをおさえた」（214–215頁）

森崎は、植民地朝鮮での「わたしたちの生活が、そのまま侵略なのであった」（38頁）と書いている（この言葉は、朝鮮で幼少期を無邪気に過ごした私に衝撃を与えた）。だが、彼女は、敗戦後二十余年を経て会った慶州中学校卒業生である韓国人の次のような言葉を記している。

「ぼくの青春は森崎一家との関係をぬきにしてはありえないと思っています。ぼくに直接影響したのは日本ではありません。和江さんのおとうさんです。あなたは子どもだったから知らないだろうけれど、彼はヒューマニストでした。毎週月曜日に、何かしら一つのことばを書いて、階段の下に貼っていました。たとえば靖国神社の前で骨壺をかかえた少年が涙をいっぱい溜めて立っている、その写真を切り抜いて、その下に、この少年をみよ！　と書くのです。どういう思いで書いたかがわかるのです。ぼくは、あらゆる支配色軍事色の中からそんなことばだけをひろって、そして彼の精神のそばに近くにいました。このように、わかり合えるものがあったということ、あの戦時下に。これは大きな意味があると思います。立場が違っていたのですから」（149頁）

あの戦時下の植民地での「今日では想像も困難な、屈折した、かすかな通路」(149頁)を通してさえ、侵略者である日本人教師(校長)と日本の統治下にある朝鮮人の生徒とが、個々の人間性への信頼を保ち合うことができたのである。こうして森崎は、「植民地という他民族への侵害を、両民族の新時代への出発にしようと、その中での人権を求めんとしていた」(218頁)人として、教育者の父を位置づけることができたのである。

「父は植民地朝鮮の学校で何をしたのか」という問いをかかえこんできた私のような者からみれば、森崎父子がうらやましいといった個人的感情を出したくなるが、そういうことよりも、目を向けなければならないのは、日本という国家が植民地の朝鮮人に対する教育を手中にした時代があったということ、この「教育という侵略」の中で、森崎の父のように「人権を求めんと」する身の処し方をした日本人教師(校長)がいたということ、――このことではなかろうか。

戦後十幾年かを経た頃、次のような短歌が『朝日歌壇』に掲載された。

戦争の話をせがむ児等のかげひとみ伏せており混血児マリ

この歌について、近藤芳美は次のような解説を加えている。☆2

「戦争を知らない幼いものたちは口々に戦争の話をせがむ。教室の、何かの授業の時間であろう。その教室の片隅にひとりだけ、くちびるを噛み、じっと眼を伏せている教え子のいることに作者は気付く。混血児である。(略)戦争が終わって十幾年かが過ぎた。不幸な戦争の落とし子たちはもはや小学校の高学年か、中学生になろうとする年齢であろう。それは彼女たちにとり、戦争の意味を知り、彼女らの不幸の意味を知り始める年齢と言わなければならない。（略）戦争のことを、どう教えてよいかわからなくて苦しむ一人の教師である」（70-71頁）

戦争は、在日韓国人・朝鮮人を含めて、民族のアイデンティティを見出し得ないマイノリティ・グループをいろいろな形で生み出した。この歌のように、少数の教師たちがこのような子どもに目を向けて苦しんだ。しかし、日本の多くの教師にとって、マイノリティの子どもは、見えているようで実は見えていない存在だったことは否定できないであろう。異文化との共生が教育課題だといわれる今日、日本の学校文化とエスニシティの葛藤を引き起こしている「ニューカマー」問題[☆8]に見られるように、かつてとは異なる新たな局面のもとで、外国人の子どもが在籍する学校は増えているが、その存在が多くの教師には見えてこない状況は、これから先変わっていくことができるだろうか。

戦前の教育を顧みるとき、『二十四の瞳』を相対化する視点は、重要であると思われる。たとえば、十二人の子どもたちより時期が少しあとになるが、在日朝鮮人一世の子どもとして戦前の日本の小学校に通った金少年（高史明『生きることの意味』一九七四）に目を向けるのも、一つの方法であろう。この点については、2章にゆずりたい。

3　沢田先生という人（1）

戦後教育がどのような反省のうえに立って出発したかについては、文芸作品としては、さらに『人間の壁』を見る必要があろう。ここでも再び、佐藤忠男の解説を聞こう。

「小説『人間の壁』は、（略）日本の戦後の民主主義の浸透過程、確立過程の貴重な記録というべきではなかろうか。そこにはまあ、あまりたいした英雄もいないかもしれないが、日本の民主主義の身の丈にふさわしい良き人々、愛すべき人々が確かな手応えのある群像として息づいており、そこに私は、近年ややもすれば否定的なニュアンスをともなって語られる傾向さえ生じている戦後民主主義というあいまいな理念の初心や志を正しく読みとりたいと思う。この小説の尾崎先生や沢田先生などの気持ちのありようこそが、つまりは戦後民主主義であり、それを継承して戦後という限定ぬきの本物の民主主義に発展させ得るかどうかは正にいまの問題なのである」☆9

この小説は、一人の平凡な小学校教師（志野田ふみ子、離婚後は尾崎ふみ子）が子どもたちの民主的な明日を願って闘う教師へと成長していく物語を中核にしながら、さまざまな教師群像をきめ細かに描いている。「教師の成長」という視点は、『二十四の瞳』には見られなかったが、『人間の壁』では明確に示され、さらに2章で取り上げる『兎の眼』では独特の形で提示されるにいたる。また、『二十四の瞳』では、生活つづり方に取り組む教師が逮捕された事件に、大石先生は素朴な疑問を感じているだけだが、『人間の壁』では、学校に出てこられない子どものために開かれた夜間の特別学級で、尾崎ふみ子先生は登校してくるかどうかわからない子どもを待ちながら、戦前の生活つづり方の歴史が記された本を読んでおり、さらに『兎の眼』では、生活つづり方の考え方を踏まえた授業が実際に展開されている。とくに『人間の壁』については、いろいろな角度からの読み方が可能であるが、ここでは、佐藤の指摘を踏まえたうえで、沢田安次郎先生に焦点を当て、戦後教育の初心を読みとることにしよう。

過労から結核になった同じ教師である妻の療養のため、山奥の学校から津田山東小学校に転勤してきた沢田先生は、「四十過ぎの、ぶっきら棒な、頑丈な体格をした、いかにも田舎くさい感じの男」☆6（上巻75-76頁）だった。沢田先生は、志野田（尾崎）先生、一条先生とともに五年の担任になる。小説の初めの方で、沢田先生は志野田先生の目を通して描かれている。「この人は生徒にお世辞を言わない。生徒を甘やかさない。しかし、生徒は仕合せになり、活気づいているらしい。どういう魅力が子供たちを動かしているのか」（上巻131頁）。一九五六年当時、財政が逼迫したS県では教員を整理することで切り抜けようとして、多くの教員に対して退職勧告が行われており、志野田（尾崎）先生もその一人だった。年度末に校長から受けた勧告を新年度になって教育長から直接受けて動揺する彼女に、沢田先生は教職員組合分会長に相談するようにすすめる。

「実をいうと私は、教職員組合というのは好きじゃないです。教職にあるものがほかの筋肉労働者と同じように、賃上げ闘争をしたりストライキみたいな事をやったり、赤旗をふりまわして労働歌をうたったり、身の程をわすれた軽薄な行為だと、つい先ごろまでは思っていたんですが、家内が病気しまして、組合の厚生部の事業があったおかげで、わりあいに安く療養ができるようになりました。案外この組合というのも、良い仕事をしているんだということを、近ごろ知ったような訳なんです」（上巻145頁）

やがて、学級母の会で、沢田先生の考えは、集まりのよくない母親たちの前に示される。

「昔の先生は、みんな威厳をもっていました。もっていたというより、威厳があるような格好をしていたと思うんですな。（略）本当の威厳というものは、自分でつくるものではなくて、自然に備わってくるものだと思います。威厳でもって教育するのは、いわば上から与える教育、と言いますか、何が何でもいうことをきかせようという風な教育方法です。今の教育は子供の育つ力をつちかってやる、子供に悟らせる、そういう教育なんです。（略）僕は学校へ来る道で生徒に会うと、こちらから先に、（吉田君、お早う）と言ってやります。すると生徒もうれしそうに、先生お早うと答えます」（上巻185–186頁）

「いまの教育は、昔と違って、ただ目上の人の言うことをきけとは言っておりません。仕事を言いつけられたら、その仕事の目的をよく考えて見ろ。その目的を達するためには、理屈に合ったやり方で、能率のいいやり方で、責任をもって、立派になしとげろ、そう教えてあります」（上巻191–192頁）

「小学校には児童会とか反省会とかいうものがあり、中学校にはホームルームという時間がありま す。その時間に一週間の反省もします。子供たちは活発に、先生の悪口でも何でも言います。先生のやり方がすこしでも間違っていると、実に手きびしく批判します。僕たちは率直におわびします。（そうか、先生が悪かったかな。これから気をつけます。）（略）すると子供たちは大変喜びます。にこにこして、大喜びするんです。そしてしんから明るい気持ちになる。先生がそうやってお詫びをすると、その次に生徒がなにか間違ったことをした時には、やはり生徒が率直に自分のまちがいを認めて、お詫びをします。それで気持ちがさっぱりしてしまう。けっして滅茶滅茶にはなりません」（上巻193頁）

「〈アメリカの真似をしなくても、日本には日本流の教育の伝統があると思う、という母親の意見に対して〉教育の根本精神には、アメリカ流も日本流もあるはずがないと、僕は思っております」（上

巻194頁）

「（一旦緩急アレバ義勇公ニ奉ジ以テ天壌無窮ノ皇運ヲ扶翼スベシ）……日本人の道徳の根本と言われて来た言葉です。この言葉を根本精神とした日本の軍隊のなかで、どんな事が行われて来たか。僕も四年のあいだ軍隊におり、戦争にもちょっと行って来ました。義勇奉公に名をかりて、兵卒どもに加えられた人権蹂躙の極致ともいうべき刑罰のはげしさは、お母さん方に一度是非見ていただきたかったと思います。のぼりを立て、万歳を唱えて軍隊に送りこまれた青年たちは、一週間ののちには、軍隊という地獄をいやというほど味わわされたものでした。（略）これが日本の伝統的な教育の結果でした。（略）もちろん僕は、日本の教育のなかから、良いものを取り出してそれを教えるということには、何の異議もありません。しかし伝統の教育のなかの危険なものは、勇敢に捨て去らなくてはならないと考えております」（上巻195－196頁）

こうした沢田先生の話に対する反応は、校長室によくやってくる和田夫人の「あの先生、赤いんじゃないかって、みんな心配しておりますわ」（上巻199頁）という言葉だった。

沢田先生の妻が亡くなったとき、尾崎先生は代わりにクラスを見てやったが、自習の時間は、「クラス委員の指示にしたがって、各班にわかれて、生徒たちはまじめに自習をつづけていた」（中巻98頁）。尾崎先生は同じ五年生担任の二人の先生について考える。

「一条先生は才気煥発で、巧みに生徒たちの興味をよびおこし、先まわりして生徒の心を読み、振幅の広い授業のすすめ方で、あかせずに面白く、生徒たちをひきずっていく。いわば技術主義の教育者であった。（略）一条先生は子供たちをひきずって行く。ひきずられるあいだは、子供たちは素直に歩いてくる。ひきずる力がなくなった時、子供たちはどっちへ歩いていいか解らなくなる。沢田先生は生徒をひきずるのではない。いそがずに、生徒と並んで歩いてゆく。四つ角にくると生徒たちと一緒になって考える。生徒は自分の能力によって考え、方針を立てて、再び歩みはじめる。やがて生徒たちは、自分の能力に自信をもち、自分の行動にみずから責任をもつ。（略）沢田安次郎先生は民主教育だとか、人格形成の教育だとか、戦後の教育界で流行語となっているような言葉を一度も口にしなかった。けれども彼は実行している」（中巻98–100頁）

「教室のなかもある意味では戦いだった。教師は全人格をもって子供たちに立ち向かわなくてはならない。沢田先生はそれをやっているらしい」（中巻101頁）

尾崎先生は、学識でもない、技術でもない、裸の人格だけを心の拠り所とする教師の仕事の孤独さを思うのだった。

通夜の客が誰もいない沢田先生の家を弔問したとき、尾崎先生は沢田先生のこんな言葉を聞く。それは、政治的見解や教育理論的立場から出てきたのではなく、沢田先生の切実な願いだった。

「自分が教師だと思うから、教えたがる。教えすぎると、肥料が多すぎた時と同じように、成長が止まりますよ。肥料は少しでいい。あとは水と日光です。水は植物が勝手に吸い上げる。日光をうけると勝手に同化作用をする。（略）だから僕は、小学校の教師という仕事は、医者だと思っているんです。子供には成長する力がたくさんあるんだから、心の病気や神経の病気や、とにかく病気にだけ気をつけてやれば、自然に育ちますよ。早く花を咲かせようと思って、つぼみを開いてやってはだめなんです。まわりの空気を温かくしてやれば、つぼみは自分の力で開きますよ。子供の教育というの

は、まわりの空気を温かくしてやるだけでいいんじゃないですか」（中巻105頁）

ここには、「（教室の中で子どもと相対したときには）一身上の利害も、名誉も、恥も、外聞も、みんな忘れて、ひたすらに教育に奉仕する者でありたい」（下巻135頁）という彼自身の言葉と合わせ考えると、古典的ともいえる教師像が提示されている。実は、教育を作物の栽培にたとえる「農耕モデル」の教育観[☆10]は、西欧では農本主義の時代に生まれたが、農業社会的性格によって特徴づけられた時代の日本の小学校教師にも、受け入れられやすい考え方だった。沢田先生もその流れの中にいた。この種のたとえ話の特徴は、肥料、水、日光が何を指すのかよくわからないという点にある。しかし、後述するように、先生が夜間学級を作ってまで長欠の子どもに義務教育を保障しようとしたのは、先生が基礎学力を重視したからにほかならないだろう。ただし、それは、一条先生のような技術主義とは異なっていた。沢田先生が求めたのは、学びの基盤となる「まわりの空気の温かさ」＝「心のつながり」[☆6]（上巻157頁）だった。しかも、次に見るような、甘やかしではない能動的な身の処し方は、きわめて注目される。

4　沢田先生という人（2）

沢田先生は、実際に、どんな行動をとるのだろうか。一例を挙げてみよう。激しい嵐の日、始業の鐘が鳴っても姿が見えない沢田先生のクラスを志野田（尾崎）先生が見てやっていると、沢田先生が貧しい身なりの長期欠席の子どもの肩を抱きかかえるようにかばいながら、風雨の中を急ぎ足に歩いてやってきた。沢田先生は志野田先生に言う[☆6]。

「片山というのは浜の子なんです。漁師の子供でして、父親は戦争で死んでおります。母親はどこか遠くへ出かせぎに行っているというんですが、母親には何年も会ったことが無いらしいです。家出したのかも知れません。うちには爺さんと婆さんだけしかいない。その爺さんが漁師で、六十過ぎていますからね、小舟で漁に行くんだが、もうからだが思うようにならないんです。それで、あの子が船を漕ぐんですよ。あんな小さなからだでね。お天気の日は毎日海へ出るんですから、学校へ来られない。このまえ家庭訪問に行ったとき、神経痛で寝ていた婆さんが、そう言うんですよ。だから、今日のような嵐の日には、あの子は閑があるんです。雨や風の日だけ、時間があるんです。だから寄り道して連れて来たんですが、あしたでも天気になれば、やっぱり海へ出なくてはならんでしょう。あんな小さい子供が、生活に追われているんです。（略）僕はせめて、夜でも、すこし勉強をさせたいと思うんですがね」（上巻278頁）

その後、沢田先生は、職員会議で、長欠児童対策について発言を求め、「ひとりの子供をも義務教育から取り残してはならない」（上巻281頁）「学問のないおとなを造りたくない」（上巻283頁）と訴え、一条先生のように反対する教員もいる中で、教員有志が無償で音楽教室を使って夜間の特設学級を開くことになった（五、六年生が五人、三人ときていたが、やがて生徒がやってこない日が多くなり、結局廃止されるのだが）。

『二十四の瞳』の中では、このような教師の行動は、まったく見られない。大石先生は、家庭の事情で学校に来られなくなった女の子のことを嘆いて涙を流すだけである。

沢田先生を辞職に追い込むことになる「体罰」事件が起こるのは、もう少し後のことである。先生は、子どものときの小児マヒで左足が利かない内村義一がほかの子どもたちからいじめられていることに気づいていた。それはクラスの中の病源の一つだった。ある日、事件が起こる。雑巾で順番に机の上をふいていく内村を、三人の子どもたちが「残酷なよろこびに興奮した表情」で「よいしょ、よいしょ、よっこらしょ！」と声をかけているのを目撃し、「そのいたずらの意味を知ったとき、胸のなかが火がついたように熱くなった」先生は、机の間を大股に突き進んで行き、子どもたちの肩を強く打った（中巻232頁）。

この事件は、その後、政治問題化し、ややこしい経過をたどり、先生はみずから身を引いて学校を去ることになるのだが、その経緯よりも、ここでは、内村義一への沢田先生の取り組みに目を向けてみよう。なお、ここに出てくる「ちんば」という言葉は、それがふだんの生活や人間関係の中で使われるとき、差別的なはたらきをするが、歴史上の文書からの引用としてそのまま使用する。

事件のあった翌日、沢田先生は、一つの決心をする。それは残酷にも見える手術だった。先生は内村に言う。

「先生はお前に一つ相談するんだが、このあとの作文の時間に、お前は自分の足のことを、書いて見ないか。（略）そういう事を書くのは、辛いことだ。しかし、それを我慢して、正直に、いままでの辛かったことでも苦しかったことでも、全部書いて見たらどうかと思うんだ。人に知られたくない事も、言いたくない事も、正直に、本当に思った通りを、書いて見るんだ。（略）どうだ、内村。（略）強い気持ちになって、みんな書いて見ないか」。子どもの眼からあふれる涙に、先生は「書くか書かないか、それは内村の意志にまかせよう」と思う（中巻241-242頁）。作文の時間が終わったあと、先生は内村の作文を読んだ。

「内村は自分の足について、本当に正直に、彼の苦痛を紙の上にぶちまけているのだった。その決意の強さとその努力とに、先生はえりを正す思いがした」（中巻245頁）

先生は、この作文を二人だけの秘密にすべきか、大変な心の闘いをして書いたものを教師だけが知っているということにしてよいのか、迷いつづける。そして内村を呼んで、この作文をクラスのみんなの前で読むようにすすめるのである。

「子供にとって、それがどんなに辛いことであるか、沢田先生はよくわかっていた。（略）しかし、この壁を乗り越えれば、内村義一は救われる、彼はちんばから解放されるのだ。ちんばにこだわっている限り、この子の苦痛は生涯つづくであろう。（略）けれども、この事にも一つの疑問がある。教師はそこまでしなくてはならないだろうか。教師の生活指導はそこまで踏み込んでいってもいいかどうか。もしかしたらこの少年の両親は、教師の行き過ぎについて腹を立てるかも知れない。（略）教師として、そこまで踏み込んだ指導をするのは、危険ではないか」（中巻247頁）

迷いつづける沢田先生に、内村はクラスのみんなの前で作文を読むと言う。

「先生はむしろ、自分の方がうろたえるような気持ちだった。この子は、ちんばの作文を朗読することの重大さに、ちっとも気がついていないのではないかと思った。……しかし、それならばそれでいい。子供は危ない木登りをする。親たちがはらはらするような危険を、子供は気がつかずに、平気でやってのける。（略）危険を乗り越えるたびに、子供は成長して行く。（略）けれども沢田安次郎は、大きな荷物を背負わされたような、重い責任を感じていた」（中巻248頁）

子どもを導く先生である前に、試されているのは、「沢田安次郎」という人間だった。そこには、教師自身が行う自己との孤独な闘いがあった。このような先生の心の中を知るのか知らないのか、内村義一は教室で作文を読むのである。

「僕は、ちんばです。僕の左足はすこし外がわに曲がっていて、右足より二センチぐらいみじかいです。そして、手でさわってみると、右足はいつもあたたかいけれど、左足はいつもつめたくなっています。それは血のめぐりがわるいからです。僕は小さい時、小児マヒという病気になって、ちんばになったのです。だけど僕は、その時のことはおぼえていません。

けんかをすると、みんな僕のことを、ちんば、ちんばといいます。だから僕は、なるべくけんかをしません。人がわるいことをしても、僕はがまんして、だまっています。僕はドッジボールがすきです。だけど僕がはいると、その組の方が負けます。だから僕はがまんして、組にはいらないで見ています。(中略)

僕は人から、ちんばのことでわる口をいわれて、泣くことがあります。けれど、うちへはいる時には何もなかったような顔をして帰ります。お母さんにわかると、お母さんが泣くからです。お母さんはいつも、僕の足のことばかり心配しています」(中巻249-250頁)

沢田先生のこのような行動は、『二十四の瞳』の大石先生には、まったくなかった。ここに見られるのは、内村義一のように、十分に理由のある「訴え」をもつ子どもがみずから立ち上がって訴えること、そして他の子ども一人ひとりがその「訴え」に耳を澄ます感覚と一緒に闘う勇気をもつようになること、を願って子どもたちに働きかけ、こうした「訴え」を媒介にして子どもと子どもとの「心のつながり」を広げていこうとする教師の企てである。沢田先生の場合もそうであるように、こうして子どもに働きかける教師の行動は、決して結果が保障されているわけではなく、どんな結果になるかわからない不確実な投企とでもいうべきものである。それは、内村のような子どもの「訴え」を無視できないという一つの身の処し方を選びとるときに生まれる教師の行動である。だが、今日では、内村義一に見られるような「訴え」と自己利益の主張とが混同される状況、ある文脈では被差別者だが別の文脈では差別者となるような「複合差別」[☆11]が成立する錯綜した状況、差別やいじめの正当化による居直りが生まれる状況など、複雑な問題状況が増えてきている。

次の事例は、一九六〇年代後半のものである（六五年に同和対策審議会答申が出た）。小学校の教室で、四年生の子どもたちが「同和問題」の学習をしている。テキストでは、被差別部落のQ君が「僕はみんなと同じれっきとした日本人だし、みんなと同じちゃんとした五体満足な身体をもっているのに、僕だけみんなと違うとして差別されたり、いじめられたりするのはおかしい」と訴えている。その教室に、Q君の「訴え」の「正しさ」を頭の中では承認しながら、心の底で疑問を払拭できない子どもが二人いた。先天的な四肢障害者O君と日本姓を名乗っている韓国人P君である。ここには、部落差別という不条理な差別を克服しようとする少数者の「訴え」の実践が、他の異なる範疇に属する差別（障害者差別や民族差別）をかえって強化する事態を生む、という陥穽がある[☆12]。もっとも、テキストの中の「訴え」とクラスの中からの現実の「訴え」との違いやテキストの内容のありようを考慮する必要があるのではあるが。

今日では、もっと複雑な状況が見られるように思われる。それだけに、「訴え」とは何か、どんなときに、どのように「訴え」させるのか、他の子どもに「訴え」をどうとらえさせるのか、そもそも教師自身が子どもの「訴え」を「訴え」としてとらえるとはどういうことなのか、十分に理由のある「訴え」はどんな条件のもとで成り立つのか、「訴え」から「心のつながり」を生み出す道筋はいかにして可能かなど、検討すべきことは多い。沢田先生の身の処し方は、今日でも、そこに立ちもどって考えることのできる初心でありつづけているだろうか。

3節　徒歩と自転車の時代

1　徒歩・自転車から自動車へ

すでに見たように、『二十四の瞳』の大石久子は、敗戦の翌年、生活のため再び岬の突端の村の分教場に勤めることになる。かつては人に先がけて自転車に乗ったが、四十歳で老朽の臨時教師となる大石先生は、自転車は買うに買えず、途中まであったバスも戦争中に廃止されてからまだ開通しておらず、六年生になった長男が漕ぐ舟で通うのである。当時自転車がいかに貴重なものであったかは、たとえば同じ敗戦国イタリアの映画『自転車泥棒』（デ・シーカ監督、一九四八）を見た記憶がある人には、痛いほどわかるであろう。一人の父親がやっとありついたポスター張りの仕事に欠かせぬ自転車を盗まれ、小さい息子と一緒に探して歩くが、見つからず疲れ果て、ついに息子の見ている前で他人の自転車を盗んで捕まる話である。遊び型非行としての自転車乗り捨てなどは考えられない時代だった。

群馬県島小学校の教育実践（一九五二〜六三年）で知られる斉藤喜博は、『学校づくりの記』（一九五八）や『授業入門』（一九六〇）などを著したが、同時に多くの短歌を作った。敗戦後の混乱期（一九四八年）に、次のような短歌がある☆13（245頁）。

考へなしにも程があるこんな貧しい俺の自転車盗み行くとは
百姓か闇屋の自転車でもとり給へ新しき世の泥棒ならば少し工夫して
幼子はくやしがり吾は諦らめ盗まれし自転車に猶かかはりてゐる

何で俺のような貧乏教師から自転車を盗むんだ。もっと金まわりのいい百姓や闇屋がいるじゃないか。新しい時代の泥棒なら、もっと考えて少しは工夫したらどうだ。盗まれたものはしかたないと諦めてはみるが、やはり自転車のことが忘れられない喜博であった。

ところで、教師が学校に通う交通手段としては、一般の勤め人と同様、昔から汽車・電車やバスがあったが、今日では、教師が自動車で学校に通うのは、もう当たり前のこととなっている。それは、広域人事異動、遠距離通勤、日帰りの研修会などを可能にしてもいる。文学作品をひもといてみると、たとえば、明治時代の『破戒』（一九〇六）や『田舎教師』（一九〇九）では、小学校教師は下宿から徒歩で学校に通っている。『二十四の瞳』（一九五二）の場合も、大石先生が赴任するまでは、女の先生が徒歩で分教場に通うのは当たり前のことだった。生徒も歩き、先生も歩いていた。『人間の壁』

（一九五七〜五九）では、ヒロインの小学校教師尾崎ふみ子先生や誠実な古典的タイプの沢田先生はいつも徒歩であるが、その学校の教職員組合分会長の竹越先生は市の組合本部に行くのに自転車に乗っており、さらに合理的な現実主義者である一条先生はモーターバイクを乗りまわし、アルバイトの家庭教師もこなしている（なお、沢田先生の「体罰」事件のとき、市会議員有志は「学校視察」と称して自動車で学校へ乗り込んできた）。

技術社会の進展に応じて、教師たちもまた文明の利器を取り入れてきた。瀬戸内海べりの一寒村に自転車を真っ先に持ち込んだのは、大石先生だった。地方の小都市の小学校に最初にバイクを持ち込んだのは、一条先生だったにちがいない。やがて、自動車を乗りまわす教師が、一九六〇年代に現れる（ちなみに、一世帯当たり自動車保有率が五〇％を超えるのは、一九七〇年である）。前述の斉藤喜博に、こんな歌がある。

自動車持ち釣りをし碁を打ち進歩派と云わるるはみな楽しさうです
めでたき世に生まれあへれば実践なき進歩派教師ら自動車を持つ

これらの歌が作られたのは、日本経済が高度成長を遂げつつあった一九六四（昭和三九）年（東京オリンピック開催年）である。氷上正は、あとの方の歌について次のような解説をしている。☆13
「『めでたき世』とは、実に皮肉なことばである。このことばの影には、氏の政治批判や社会批判がちらついている。生産過剰や消費ブームにあふられて、自動車を乗りまわす『実践なき進歩派教師』

を、どれだけにがにがしく思ったかしれない。氏自身はそのような『めでたき世』に、かたくなと思われるほど反発して、テレビも冷蔵庫も求めなかったのである」(185頁)

斉藤がにがにがしく思っていたのは、前記の歌と次の一九六七年の歌(183頁)に見られるように、実践のない教師がコーヒーを飲んで浮いた言葉を使ったり、自動車を乗りまわして楽しそうにしていることだったのであろう。こうした「楽しさ」は、島小学校の教師たちのように、きびしい仕事の中で実践を積み上げてきた人間にだけある「明るさ」や「茶目っ気」が生み出す「楽しさ」とは異なる、と斉藤は考えたにちがいない。

コーヒーを飲みて楽しくつくり出す言葉だけが浮いてる君らの理論
実践がないからショックを受けないのだ自分を否定することもできないのだ

斉藤は『私の教師論』(一九六三)の中で、当時教師の世界で流行していた「から手で学校に出勤し、から手で家へ帰って行くこと」について、こんなふうに批判している。

「たしかにから手で出勤し、から手で家へ帰るということは、学校のことは学校でやってしまうという近代的な考え方なのであろう。だが教師の仕事は、特にいまの教師の仕事は、そういうことで間に合うのであろうか。私はいつも、鞄の中へいっぱいものをつめこんで学校へ行ったり、帰宅したりしている。出勤の途中でもメモをとったり、夜寝る前も思いつけば、明日の学校での仕事の計画を書きつけたり、その日にあった授業や行事の問題を考えたりしらべたりしている。(略)私の学校の先生たちも、教科書やノートをいっぱい鞄につめこんで行ったり来たりしている。そして、電車のなかでも教科書をひらいて、その日やった授業について考えたり、翌日やる教材について話し合ったりしている。（略）こういう姿を、近代主義者は古いというかもしれない。だが現実には、そのようにしない限り、四六時中、授業のことを考え、それと格闘していない限り、よい授業などできないのだ☆14」

このように教師の仕事が全生活を投入するものだったからこそ、そこから生まれてくる「底ぬけの明るさとたくましさとユーモア」を、斉藤は貴重なものと思うのであろう。たしかに、『二十四の瞳』の大石先生にも、「明るさ」と「茶目っ気」があったが、しかし、それは、島小学校の教師たちの場合のように、必ずしも仕事のきびしさと結びついたものではなかったように思われる。だが、大石先生が子どもたちと歌をうたうことによって慰められたように、斉藤校長も職場の友らと歌をうたうことによって心あたたまる思いをしていた。その職場では、お互いを「先生」とは呼ばず、斉藤校長も「斉藤さん」と呼ばれた。一九五四年の歌がある。

職場に行き友らと歌ふ楽しさにこの幾月か過ぎて来りぬ

一九六〇年代、電気洗濯機、テレビ、電気冷蔵庫は、「三種の神器」と呼ばれた。また、『鉄腕アトム』（一九六三）に始まるテレビの「アニメ」と企業の子ども向け商品のコマーシャルが結びつき、テレビに楽しみを見出した子どもたちは、企業にとって重要な売り込みの対象＝消費者となっていった。他方、それまで子どもたちの楽しみだった紙芝居（飴つき）が消えていった。高度経済成長は、

「しあわせは、おいらの願い、仕事はとっても苦しいが、流れる汗に未来をこめて、正しい社会を作ること」[☆6]（中巻349頁）という『人間の壁』に描かれたような「未来」ではなく、「明るい〇〇〇〇、明るい〇〇〇〇、ラジオ、テレビ、何でも〇〇〇〇」というテレビのコマーシャル・ソングに象徴されるような大衆消費社会を生み出しつつあった。

2 どこへでも歩いていく先生

「めでたき世」にかたくなに反発し、大衆消費社会の流れに抵抗した斉藤喜博も、自分の足でペダルを踏む自転車を生活と仕事の必需品と受けとめていたことは、先に見た通りである。斉藤にとって大切なのは、（自転車のような）「物に対して心を通わせる」[☆15]（178頁）ことだった。もちろん、徒歩で学校に通う教師は、依然として少なくなかった。一九五六年、経済白書が「もう戦後ではない」といったが、その頃書かれた『人間の壁』では、一条先生のモーターバイクは別として、多くの教師たちは歩いている。とくに家庭訪問の季節には、アスファルトのない道を歩いてまわるのでなければ、生徒の家庭の様子はつかめなかった。歩くということ自体、教師の大事な身の処し方だった。

「土曜日の午後、日曜日、放課後、夜間、要するに自分の自由な時間のすべてを注ぎこんで生徒たちの家庭をたずね、生活の姿をしらべて歩かねばならない」[☆6]（下巻356–357頁）

尾崎先生は、六年生のクラスの五十七人の生徒の家庭を訪問する。学校教育法施行規則（当時）が示す「標準五十人以下」を超える五十七人という数字が学校教育の「貧しさ」を示しているが、それ以上に、訪ねていく先々の家庭の「貧しさ」にぶつかって、先生の苦悩は増すばかりである。西内三枝子という生徒は、父との関係は不明であり、歓楽街にある自宅では母親が居酒屋を営んでいる。五年生のときの算数の試験で、三枝子は、鉛筆をもったまま、じっとうつ向いて、何も書いていなかった。

「夜になると、彼女の母は客と一緒に酒を飲んで、客と一緒に猥雑な歌をうたっている。（略）おとなたちのざわめきの中に置き去りにされた娘は、孤独で、さびしい。算数を勉強するような環境はこの子に与えられてはいない。結局、この娘は生涯をさかり場で過す女になるのではないだろうか。立方センチの計算も立体の観念も、必要としないような生活にはいって行くのではないだろうか」（下巻9－10頁）

試験の監督をしながら、尾崎先生はそんなことを考えたことがあったが、実際、三枝子の家には、彼女が勉強できる環境はなかった。

「階下に六、七坪の土間があり、簡単なイスと食卓とが置いてある。奥に二畳の部屋があり、雇い女の寝間になっている。二階には六畳三畳の二室があるが、六畳を客室に使っているので、夜は十二時すぎまで酒を飲んで騒ぐ客がある。西内三枝子は隣の三畳にいるので、勉強はもちろん、夜更けまで眠ることができない。のみならず、酔客と戯れる母の姿を夜毎に見せつけられているのだった」（下巻358頁）

四十年配のくずれた感じの母親は、尾崎先生に向かって言う。

「三枝子が中学でもすんだら、雇い人はやめて、あの子に手伝ってもらいますから、そうしたら少しは楽になるかと思っていますけど、とにかく今のままでは、二進（にっち）も三進（さっち）も行きませんの。（略）そこへゆくと先生なんか、よろしいんでしょう。月末にはちゃんちゃんと決っただけ現金がはいる訳ですから、気楽ですわねえ」（下巻358-359頁）

食べていくために、この母親は娘が早く義務教育を終えるのを待っている。低学力のまま社会に放り出されるであろう三枝子にとって、義務教育とは何なのだろうか。それは、当時の教師たちが答えを見出せないでいる問いだった。中学生くらいになると、子ども自身もこの問いに悩んだ。一九五一年に刊行された『山びこ学校』には、生徒（佐藤藤三郎）の次のような作文の一節が掲載されている。「政府では、義務教育を三年のばすとそれだけ実力がつくと思っているのだろうか。三年のばしただけで私たちは、親からブツブツ云われ、かせがせられて、そのあい間をみつけて学校にはしって行かなければならない、ということは、いったいどういうことなんだろう」☆16

尾崎先生と自転車については、次の話も参考になる。先生が家出した少年を探しに行く話である。金山明夫は炭坑を首になった父親と二人で海辺の洞穴に住んでいたが、父親が元の炭坑に戻ることができて、その洞穴を出る。だが、父親と一緒になった女、つまり新しい母と折り合いが悪く、明夫は家出した。尾崎先生は、夜遅く、すでに父親が以前住んでいた洞穴を探したあとではあったが、明夫がそこに戻っているかもしれないと考えて、暗い長い夜道をただ一人歩いて海辺の洞穴の方へと向かう。出かけるとき、先生は、借家の家主が営む薬局に置いてある自転車のランプを借りる。そのランプの光を頼りに、先生は頭の毛が逆立つような恐怖を感じながら、洞穴に近づいていく。呼んでも答えのない洞穴の中に、明夫は一枚のむしろをかぶってうずくまっていた☆6（下巻27-28頁）。先生が以前家庭訪問で洞穴に行ったときに贈ったビニールのふろしきに学校の本と鉛筆を包んで、明夫は家出していたのである。ここでも、勉強したいのに家出をせざるをえない明夫にとっての義務教育の意味が問われているとともに、教師に手の届かない家庭の問題がある。教師は、家庭の問題にどこまで入り込めるのだろうか。

同じ五年生担任の一条先生は、金山明夫のような子どもの扱い方について、違う考えをもっていた。尾崎先生のような行動は、学校の生活指導の範囲を超えており、それは警察に任せばよい問題である。また家庭の貧困は、学校ではなく、福祉事務所が扱う問題である。このような一条先生の考えに、尾崎先生は逆らって行動したのであるが、彼女もまた沢田先生と同様、金山明夫の無言の「訴え」に応えるため、どのような結果になるかわからない不確実の中へみずからを投げ入れる企てを、自分の身の処し方として選びとったのである。

尾崎先生が自転車を持っていなかったことは、この話から明らかであろう。先生は、ランプを借りて出かける前、薬局の主人に電話を借りに行ったのだが、事情を聞いた主人が警察に電話してくれて、明夫はまだ見つかっていないことがわかった（今日では、家に電話がない生活は成り立たないが、当時は、借家住まいの人は気兼ねしながら（料金を払って）家主の家の電話を借りていたのである）。

「子供ひとりくらいのことだから、警察だって本気で探しているわけじゃないんですよ。泥棒したとか身投げしたとか、そういう事件をおこせば直ぐわかるんだが、何も事件をおこさなかったら、まあ急にはわからないだろうね」（下巻23頁）

こんな言葉を聞いて、「家出した少年は泥棒するものと初めからきめてかかったような言い方」（下巻23頁）に傷つきながら、尾崎先生は、いつも貧乏人を見下しているような薬局の主人から自転車は借りないで、自転車のランプを借りたのである。

尾崎先生の行動を見ていると、一条先生のモーターバイクは、明夫を探しに行くのには似つかわしくないものに思われてくる。

「一条太郎は評判のいい先生だった。彼に個人教授を受けた子供はたいてい希望の中学にはいっているという定評があった。したがって家庭教師の口はすくなくない。彼はなるべく資産家の家庭ばかりを選んで、五人の子供を引きうけていた。週に二回ずつ、ひと晩に二カ所ずつをモーターバイクで駆けまわる」（上巻111頁）

このような一条先生も、新しい機械には目がない子どもたちからは、格好よい先生と見られていた。子どもたちはモーターバイクが好きだった。

「……子供たちは一斉にふりかえる。『あ、一条先生だ。』モーターバイクという機械に対する一種の尊敬と、その機械を駆使する先生に対する尊敬とが、子供たちの好奇心をそそる。彼等は一本道の両側に身をさけて、一条先生が通過するのを待つ。先生は格好よくバイクにまたがって、風のために服の背中をふくらませて、生徒たちの見まもる顔の前をまっすぐに駆け抜けてゆく」（中巻254-255頁）

日本でよく読まれてきたエーリッヒ・フロムがいみじくも指摘したように、☆17 技術社会では、「何かをすることが技術的に可能であるから、それを行わなければならない」（61頁）という原理が働く。彼は、このテクノロジーの原理が「何かをしなければならないのは、それが人間にとって、また人間の成長、喜び、理性にとって必要だからである」という人間主義（humanism）を否定することを危惧した。だが、新しく生まれた技術が商品化されると、人々は自分の生活の中にそれを取り入れていく。斉藤喜博のように、それに抵抗することによってすぐれた実践を生み出した教師もいるが、多くの教師たちは、世の人々と同じ流れに乗って、モーターバイクから自動車へと技術社会の進展に順応していく。しかし、公立小学校の多くの子どもたちは、（不便な地域でバス通学が見られるのは例外として）昔も今も徒歩通学をしている。昔と今とで違うのは、昔は子どもと同じ徒歩、または自転車だった教師が自動車で通勤していることと、歩いて登下校する小学生が交通戦争の渦中にいて排気ガスを吸っていることであろう。もちろん、下校した子どもたちは自転車に乗り、家族と出かけるときは自動車に乗せてもらい、さらに技術社会が作り出すさまざまな商品に囲まれた子どもたちは、技術社会の特徴である効率主義への予備的社会化を行っているのではあるが。

しかし、問題なのは、むしろ次のようなことの方かもしれない。鶴見俊輔は、一九七四年の『論壇時評』（朝日新聞）で、宇沢弘文の『自動車の社会的費用』（一九七四）を引用して書いている。

「宇沢はこんな場面に出会ったことがあるという。中学生らしい少年が自転車にのっているところを、うしろから自動車が来てぶつかった。中学生はころびそうになっただけでたいした事故ではなかったが、自動車の中から、運転していた若者が出て来て、新しい自動車に傷をつけてどうしてくれると言って、中学生をなじっていた。この時、宇沢は、「マイカー」という観念のもつみにくい側面にふれた[☆18]」

やがて、小中学生自身が、「マイカー」ではないが、「僕のテレビ」「私のビデオ」「俺のテレビ・ゲーム」など、自分専用の商品を数多く持つ時代がやってくる。

3 歩きながら、「お早う」の声

一九七〇年代、徳島県鴨島第一中学校の校長を務めた佐藤文彦は、その実践を記録した著書『人間の生き方と同和教育』(一九八一)の中で、こんなことを語っている。☆19 それは、『人間の壁』の沢田先生が自分の方から生徒に挨拶したのを思い出させる言葉である。

「私の家から学校までゆっくり歩いて十五分。生徒たちの一番登校の多い頃をみはからって、家を出ます。大半は自転車通学で、次々と私を追いこしていく後から、一人ずつ、「お早よう」と声をかけるのです。時には、一列に並んだ自転車が十台、十五台と続くことがあります。それでも一人ずつ十回、十五回連続して、声をかけていくのです」(158頁)

このようにして、「挨拶とは人間への尊敬である」(160頁)と考える佐藤校長は、あらゆる機会をとらえて生徒に語りかけていく。「目に眼帯、指に包帯、顔色がすぐれぬなど、どんな小さな異常も見逃さず、目にとまれば必ず声をかけ」ていく。校長みずから一人ひとりの生徒に声をかけていったのは、まず何よりも生徒一人ひとりと校長が対等に話し合える状況がなければ、生徒たちに障害児学級の子どもの悲しみをわかってもらえる土台を作ることはできない、という信念からだった。当時、赴任したばかりの佐藤校長は、学校の中でひっそりと息をひそめるようにして過ごしている障害児学級の生徒に自分たちの疎外された状況を全校集会で訴えさせようとしていた。体育の時間など親学級へ行くと、「特殊学級のやつじゃ」といってたたかれたり蹴られたりする。遠足や運動会のときなど、いやがって班に入れてくれない。そんな「訴え」に、佐藤は「釘を胸にうちこまれる思い」(87頁)だった。『人間の壁』の内村義一がそうだったように、「この悲しみの中から立ち上がらせる道は、自ら訴えさせるしかない」（118頁）のである。そして全校の生徒一人ひとりと校長の間に信頼が生まれてはじめて、全校生徒に障害児学級の生徒の「訴え」を受け入れさせることができる、と考える佐藤校長は、「校長先生の言うことは間違いない」と全校の生徒たちがいってくれる日まで、生徒より先に自分の方から声をかけていこうとした。その後紆余曲折（校長は、障害児学級の子どもが全校集会で発表することに反対する教師たちに「障害児学級の訴えを聞くように」と厳しく指示したり、生徒会役員への直接的な働きかけなどを行った）はあるが、障害児学級の生徒が身をもって訴える全校集会が実現される。なお、当時は法律用語「特殊学級」が一般に使われていた。

「私が特殊学級にはいったきっかけは、小学校二年生ごろからはじまった持病が、中学一年生になって特にひどくなり、勉強がおくれたからです。だから私は中学二年生から今のクラスにはいりました。（略）教室から外に出ると悲しいことがいっぱいありました。廊下を通っているといやな目つきでみられたり、ボケとかアホとか言われたりしました。すれ違うとき、よけて通る人、運動場の場合には、私の通りすぎたあとにつばをはいたりする人もいました。（略）私がどうしても話したかったことは、特殊学級にくるまで気づかなかった特殊学級の悲しさや、さみしさです。普通学級にいるみなさんには、こんな気持ちはとてもわからないことだと思います。なぜなら、私も特殊学級にくるまでは、わからなかったからです。（略）もし先生から特殊学級にはいるようにすすめられた時、ことわって、あのまま、普通学級に残っていたら、私の病気は、どんどんひどくなっていたでしょう。今では、思いきって、この学級にはいってよかったと思っています」（137−139頁）

障害児学級の生徒の「訴え」は、やがて被差別部落の生徒の「訴え」につながり、さらに生徒たちの間の「心のつながり」の輪を大きくしていくのである。

ここには、『人間の壁』の沢田先生の身の処し方を受け継ぎ、「複合差別」をのりこえようとする姿があるといえるのではなかろうか。沢田先生と同様、お世辞も甘やかしもない。とりわけ注目されるのは、子どもの「訴え」を取り上げ広げていくうえで必要となる校長自身の知恵と勇気であろう。大人自身が訴えるときも、こうした「訴え」に深い知恵と強い勇気が必要であることは、歴史をひもとけば（たとえばアメリカの黒人解放運動におけるキング牧師の行動を見れば）、納得できるであろう。「わたしたちが訴えをつらぬこうと思えば思うほど、社会について学び、人間について学び、国家について学んでおくことが、いよいよたいせつになってくる[☆20]」のである。この点からすれば、沢田先生は、内村義一の事件では、どんな結果になるかわからないところへ単独で身を投げ入れる企てをしていたともいえるが、佐藤校長は、可能な限り結果への戦略的な見通しをもった指揮者、すなわち「組織を実際に動かせる人[☆19]」（28頁）として校長の権限を行使している。とはいえ、佐藤の場合も、子どもを信じるほかないというところへ自分の身を投げ入れる企てであることは否定できない。

「たとえどんなにだまされても、生徒たちを信じる以外に解決の道はないと思いつつも、信ずることのむつかしさに苦しむのです。しかし、それをのりこえない限り、生徒たちも、私も救われないと思っています[☆19]」（163頁）

なお、佐藤が校長の権限によって厳しい指示を出したのは、障害児に対する差別から目をそらしている教師たちに向けてであったことに着目しておきたい。また、この取り組みの背景には、十年前この学校の教頭だった佐藤が新設された障害児学級の授業の半数近くを受け持ったときの苦しい経験がある。この学級の現実は、十年前と変わっていなかった。

それにしても、自転車で登校する中学生たちと、歩きながらその生徒一人ひとりに声をかけていく校長という組み合わせは、過ぎ去った徒歩と自転車の時代のもので、自動車の時代には望み得ないことなのだろうか。もちろん、今日でも、教師は朝校門で登校してくる生徒たちに「お早う」と声をかけている。だが、それは、佐藤校長が歩きながら声をかけつづけ、そこから「訴え」を基盤にした生徒たちの間の「心のつながり」を広げていくもとになった「お早う」と同じものなのだろうか。

実は、佐藤校長もバイクには乗る。小学校長時代、彼は家から八キロの道をバイクで通い、夕方、子どもに出会うと、バイクを止めて話しこんだりした。フロムのことばに戻って考えてみると、人間の成長、喜び、理性にとって必要な技術はありうるであろう。そうだとすれば、校長が生徒一人ひとりに電子メールで語りかける時代が来るのだろうか。そのメールが人間の成長、喜び、理性にとって必要なものだと仮定しての話であるが。とはいえ、フロムもいうように、技術社会は消費社会でもある（67-68頁）☆17。消費社会では、教師にとって、子どもやその保護者は、教育という商品（サービス）を買ってくれる消費者となる。やがて、「子どもと保護者はお客様です」という民間人校長も登場する時代がやってくるのである。

4節 「貧しさ」の中で

1 教師の無力感

第二次世界大戦前も敗戦後も、「貧しさ」はつづいていた。すでに見た『二十四の瞳』では、あの味わい深いユーモアが、暗い貧しさを目立たないものにしていたが、教師の貧しさに変わりはない。後藤先生は、まだ四十歳にならないのに、来年は老朽でやめてもらう番がくることになっていたが、大石先生が本村の小学校に移る後任として、乳飲み子をかかえて六キロ離れた分教場への赴任を喜んで希望する。その大石先生も、敗戦の翌年、「四十じゃあね。現職にいても老朽でやめてもらうところじゃないか」と首をかしげる校長に、今は本村の小学校の教師になっている教え子の早苗が再三頼んでくれたおかげで、正教員の資格ではなく、いつやめさせられるかわからない臨時教師として、母子家庭を支えるため、分教場に喜んで赴任することになる。女教師に対する差別的待遇が当たり前だった時代状況が、この小説には映し出されている。それ以前に、正教員（師範出）と助教の間に大きな格差があったことはいうまでもない。『人間の壁』の中では、S県の財政難から退職勧告を受けた教師は、まず誰よりも、「老朽」教師と「共稼ぎ」の女教師だった。

『人間の壁』の特徴の一つは、「貧しさ」という言葉が繰り返し繰り返し出てくることである。☆6

「学校教育法施行規則によれば、（小学校の一学級の児童数は、五十人以下を標準とする）ときめられている。ところが政府は自らがきめた法律規則を、自ら守ることができない。文部省の予算がない、県の教育予算が足りない、市の教育予算が足りない。要するにみんな貧乏なのだ。その貧しさのなかで、先生も苦しみ生徒も歪められて行く」（上巻83頁）

「貧しさは至るところにある。生徒の貧しさ。その家庭の貧しさ。教師の貧しさ。そして学校予算の貧しさ。教育委員会や市役所の貧しさ。文部省の貧しさ。（略）校舎は腐れ、かたむいてくる。教材が足りない。備品が足りない。何もかもが貧しいのだ。しかし、世間は同情してくれない。子供の学力が落ちたという。上級学校への入学率がおちたという。先生がなまけているという。要するに親たちは完全な教育を、貪欲に要求してやまない。それほどに教師は期待されているのだ。完全な教師が求められているのだ」（上巻307頁）

『人間の壁』に出てくる子どもの家庭の貧しさについては、すでにいくつかの事例を取り上げたが、教師もまた貧しかった。それは繰り返し描かれているが、戦前とくらべて多忙になった教師の仕事についても、繰り返し言及されている。「学習課程の研究、クラブ活動の指導計画、生活指導のこと、ホームルームのこと、母の会との提携、健康管理のこと。（略）何もかも、戦前には無かったような新しい仕事だった。その仕事がことごとく、先生たちの負担になる。戦前にくらべて、教師の仕事は倍になっていた」（上巻74頁）。集金にも時間がかかる。たくさんの教科の試験問題をつくるのに原紙を切りガリ版印刷をする。戦前と違って一人の教師が全教科を完全に教えることは困難だった。一学級五十人を大幅に超える児童数を減らすような施策は何もなかった。過重な労働から、教師の病欠は増える。薄給の教師たちが下積みの生活に耐えることができたのは、そんな中にあっても、子どもたちとの間に「心のつながり」(＝「それが無くては小学校教育は実を結ばない、いわば草木の芽を育てる日光のようなもの」)(上巻157頁)を生むこともできたからである。だが、その子どもたちは、それぞれ「親の生活を背負って学校にやってくる」(上巻92頁)。尾崎先生は、一度は結婚を考えながらもその気持ちをふりきって一人生きていく決心をした相手の沢田先生への最後の手紙の中で、次のように書いている。

「この一週間ばかり家庭訪問をつづけておりますが、訪ねて行く先々の家庭の貧しさに、幾度か顔をそむけたい思いを致しました。私自身、貧しい女教師にすぎませんけれど、私より何倍も貧しい家庭がどこまでも軒を並べていることを思うと、天を仰いでため息をつきたくなってしまいます。これが戦争の影響でしょうか」(下巻370-371頁)

それでも、尾崎先生や沢田先生には、この子どもたちが十年、二十年後には新しい民主的な社会を築いてくれることへの願いがあり、祈りがあった。しかし、「貧しさ」に対するどうしようもない無力感は、『二十四の瞳』の大石先生にも、『人間の壁』に登場する多くの教師たちにも、共通に見られるものである。教師の無力感は、たとえば『朝日歌壇』[☆2]を見ると、一九六〇年代まで、綿々とうたわれつづけている。近藤芳美は、『無名者の歌』の中で、次のような歌を挙げている。

さむざむと歯のぬけし如開拓地の弁当持たぬ子らは窓に相寄る(A1)
かく富にあくがるるのか少女らが未来を語る言葉聞くとき(A2)
誠実と遅鈍のきわを危ぶみつつ職場の子らの賀状読みゆく(A3)

まずしきを恥じて訪問拒む子の家を訪ねては進学を説く（B1）
社会機構の最底辺に狩られゆく就職の子らとのみは思わず（B2）
ねがい秘めピアノを弾けば就職生の歌声高しあすなろの歌（B3）

（A）は一九五六年頃、（B）は一九六一年頃の歌である。貧農出身の都会に出ていく中卒就職者に対する中学教師の思いがうたわれているものが多い。近藤は、たとえば（A3）について次のように述べている。

「社会に送り出した教え子であろう。彼らは都会に出、さまざまな職業を得て働く。そうしてその職場から年々の賀状をよこす。（略）誠実とも遅鈍とも言える彼らが、都会の苛烈な現実の中でどのように生きていき得るであろうか。しかしその現実の社会はもはや一教師の手のとどく世界ではない。教育というものの或る範囲からの無力を、この誠実な教師も知っているのであろう」

また近藤は、（B2）について次のように解説する。

「卒業を前にし、教え子らの就職が決まっていく。「金の卵」と呼ばれて、彼らは次々に都会の企業に雇われていく。それが社会機構の最底辺をなす労働力としてだけであると作者は思いたくはないのであろう。中学校の教師である。同じように無力を知る悲しみの眼が、巣立ってゆく稚ないものたちの上にむけられている」（175頁）

日本が高度経済成長を進めていた時代（それは農民を切り捨て賃労働者化することによって近代化を進める時代だったが）、『朝日歌壇』に取り上げられた教師の歌には、「社会にむける教師の無力ともいうべきもの」(176頁)が共通して底流していることに、近藤は注意を向けているのである。『人間の壁』の沢田先生も、体罰事件が政治問題化する中でみずから身を引いていくとき、尾崎先生に、「教師は世間的には無力で、孤独ですよ」☆6(中巻290頁)と語っていた。

斉藤喜博については、すでにその短歌を引用したが、一九六二年に、こんな歌がある。☆13

教育など力なきものと思ひ思ひはかながりつつ勤め来しかな

氷上正によれば、斉藤もまた、「教育が政治や社会に対して無力であること」(130頁)を認めざるを得なかったが、しかし他方、彼は教育を「瞬間瞬間に消えていくはかない仕事」(130頁)ととらえた。この場合、「はかなさ」は彼の実践と深くかかわっている。彼にとっては、はかないからこそ、瞬間瞬間に美しい新鮮なものを生み出すのが、教育という実践なのである。政治や社会に対する無力感にとどまるのではなく、教育というはかない仕事に孤独に沈潜するとき、きびしい創造が生まれる、というのが、斉藤の「身にしみての実感」(131頁)であった。同じ一九六二年、斉藤が教育の仕事についてうたった歌を挙げておこう。

次々と高くきびしきもの見えて超えて来たりぬはかながりつつ
水泡のごとく消えゆく仕事とも思ひ根をつめ過ぎて来たりぬ

学校づくり・授業づくりでは指揮者として力強く行動した斉藤校長は、その短歌において、教育という仕事の「無力」と「はかなさ」をこのようにとらえていた。

2 「悲しみ」を起点とする教師の仕事

『人間の壁』の沢田先生や尾崎先生が何よりも求めたのは、日光によって草木の芽が育つように、ものを学ぶ子どもたちの精神の基盤となる「心のつながり」☆6（上巻157頁）を生み出す（まわりの空気の）「温かさ」だった。それは、まず何よりも、家庭にこそ不可欠なものであった。だが、このような「温かさ」を見出し得ない家庭をもつ子どもが、少なくなかった。

この小説の初めの方で、校長から退職勧告を受けて戸惑い、夫との離婚の危機にも直面していた志野田（尾崎）先生は、卒業式を明日に控えて、六年生の吉原まつ子が、男と駆け落ちした母親に捨てられ、弟と二人だけ取り残されていると聞き、晩、その子の家を訪ねていく。父は炭坑の事故で死に、その後母はほんの一坪の板がこいの屋台店の居酒屋をやっていた。家で弟の面倒をみなければならないまつ子は、学校では、ひとの世話やきをしてはうるさがられ、ひがみっぽく、厄介な子だった。家庭訪問に行ったとき、母親は昼間から酒を飲んでいた。志野田先生は、それ以後、「あの母がそばにいる限り、この子を教育する道はあるまい」（上巻34頁）と思い、まつ子を見放していた。そのことの後悔が、今、胸に痛かった。まつ子の家に着くと、姉は弟にマンガの本を読んでやっていた。先生が呼んでも背を向けたままだった。隣の小母さんは、「引き取ってくれる人が無ければ二人とも孤児院へ入れるより仕方がなかろうっていう話でしたよ」（上巻35頁）と言う。

志野田先生は、まつ子になぐさめの声をかけ、そして財布から数枚の紙幣を出して紙に包み、まつ子に渡そうとするが、彼女はふりかえりもせず、先生の手を払いのけ、マンガの本を読みつづけた。「吉原まつ子を見舞いにきたことは、何の役にも立たなかった。彼女はあの子どもたちから押しのけられ、追い出された気持だった。教師であるところの彼女が、その指導力を完全にうしなって、どうすることも出来なかったのだ」(上巻37頁)

志野田先生は、不意に「志野田ふみ子」に戻って、離婚するかもしれない自分を思い出した。「多分ちかいうちに、彼女は良人(おっと)と別れることになるだろう。別れたのちの自分は、吉原まつ子とあまり違わない孤独な女になってしまうだろう」(上巻37頁)

志野田先生とまつ子の関係を見ると、それは、『二十四の瞳』の大石先生が、母親の死で学校に出てこられなくなった女の子(松江)の家を訪ね、ほしがっていたユリの花の弁当箱を渡したのと、きわめて似ているのではなかろうか(松江は、それを大事に持っていて、敗戦後、大石先生に「あのべんとう箱は私の宝」と語るのではあるが)。子どもがおかれたどうしようもない状況を前にして、なす術がないという点では、二人の先生は同じ解きようのない問題をかかえこんでいるのである。その背景には、「貧しさ」があり、戦争があった。その後の尾崎(志野田)先生や沢田先生の取り組みには、このようなどうしようもない状況を何とか切り拓こうとする努力が見られた。それは、すでに述べた通りである。

ところで、このような「貧しさ」を乗り越えてきた今日の日本で、まったく別の解きようのない問題をかかえこんでいる教師たちの姿を見るとき、私たちはどう考えればよいのだろうか。「教師であるところの彼女が、その指導力を完全にうしなって、どうすることも出来なかった」という状況が、違った形で生まれているように思われる。「貧困による長期欠席」は「不登校」へ、「露骨な差別」は「陰湿ないじめ」へと変化し、「学級崩壊」が起こり、目の前には、高度消費社会を浮遊したり漂流したりする子どもたちがいる。

ここで再び、3節で取り上げた佐藤校長に戻って考えてみたい。佐藤は、『人間の生き方と同和教育』（一九八一）の中で、[☆19]学級担任の松村勝子先生がミナ子という女生徒について綴った記録「かぼちゃの詩」を紹介している。一九七七（昭和五二）年に中学校に入学したミナ子は、微熱のため、たびたび保健室で静養した。保健室は校長室の隣にあり、同じ年に赴任した佐藤校長は、日頃からよく保健室を訪れていた。

「保健室で見舞うという形式的なものに終わらせるのではなく、養護教諭からの情報、学級担任や生徒たちからの情報も耳に入れながら、一人ひとりの生徒たちを私でなければ出来ないことのために、私の心に刻みつけていきました。（略）私が意識しなくても、生徒たちにとって、校長に何を知られているかの重みは大きいと思います。生徒たちが、マイナスと思っていることを、私自身マイナスのものと受けとってはなりません。知られたくないことを知られて損をした、という思いを、決して生徒にさせてはならないと考えました」（162–163頁）

ミナ子をめぐる取り組みを綴った松村先生の「かぼちゃの詩」の中で、ミナ子の家は、次のように描かれている。

「……赤茶けたむしろが一枚、床の上に敷かれている。すすけた障子は所々格子のさんが折れ、一ますも残さずに破れている。柱から柱まで渡した洗濯綱らしきものに、一家の一年中の衣類がひっかけられており、部屋のすみには、綿のはみ出した夜具が無造作に積まれているのである。ゆっくりと目を上げていくと、何と屋根には大きな穴がぽっかりとひとつ。夕やみせまる青紫色の空をのぞかせているのであった」(164頁)

ある日、給食の時間、紙パックに入った牛乳は、飲んだ後きちんとたたんでビニール袋に捨てることになっていたが、ミナ子が牛乳を飲んでいないのに気づいた給食係がミナ子を問いつめるという事態が起こる。彼女は、幼稚園に行っている妹に牛乳を持って帰ろうとしていたのである。ミナ子は言う。「うちは貧乏です。牛乳なんて買ってやれません」(166頁)

ミナ子は、栄養失調と過労による肺浸潤から、佐藤校長や松村先生たちの努力による病院への入院を経て、やがて回復するのであるが、こうした取り組みの中心にいた佐藤校長について、松村先生は次のように記している。

「……ミナ子にまつわる様々な思い出が脳裏を駆けめぐる中で、教師としての、去年までの自分と、今の自分との変わりようにも、改めて驚かされたのである。それは、この年から中学校に赴任してきた校長先生の姿から学んだものであることも、自分には、はっきりわかっていた。七百名に余る生徒を持った中学校という規模の中では、校長先生の存在などというものは、生徒たちにとって、実に雲の上の仙人みたいなものであるのが普通である。だがこの校長先生は、そんな自分の立場に甘んじて居すわっている人では絶対になかった。常に一人ひとりの子供をよく観察し、それは、学級担任以上の深さであることもしばしばであった。とりわけ、恵まれない子供への思いやりに関しては、誰も校

長先生にかなうものはいなかった」（168頁）

指揮者（組織を実際に動かせる人）としての佐藤校長については、すでに3節で言及したが、ここでは、それが彼の人生への身の処し方に根ざすものであることを指摘しなければならない。それは、彼自身語っているように、彼の少年時代から出てくるものである。一九七九（昭和五四）年の卒業式での佐藤校長の言葉がある。

「私は少年の頃、右の膝のけががもとでビッコになった。それからというもの、秋の運動会ぐらいつらいものはなかった。多くの人たちが見守る中を、友だちから何十米もおくれてドッテン、ドッテン走らねばならぬ。頭が痛いと言って休もうか、おなかが痛いと言ってサボロウかと、何度思ったかわからない。それでも、ビッコひきひき、毎年の運動会を走りつづけてきた。（略）その恥ずかしさをせおって走り続けた。そして考えた。ビリはビリでも一等よりすばらしいビリはないかと。自分はとうてい一等にはなりっこないが、日本一のビリッコになってやろうと考えた。（略）ビリッコにはビリッコの生き方がある／ビリッコは、ビリッコであることを／さけようとしたり／ごまかそうとしたり／そんな生き方はしない／雨の日には　雨の日の生き方があるように／私には　私であることの上に生きる　生き方がある」（235–236頁）

こうした身の処し方を踏まえたうえで、「子どもたちの悲しみを起点として」（17頁）行動する佐藤校長は、教師たちに、「人間の幸せを踏みにじることに対しては激しく憤る人間教師（＝許すべからざることには、激しく怒ることの出来る人格）」（180頁）であることを求めた。それは、『人間の壁』の沢田先生の人格に通じるものであろう。

今まで何度か引用した斉藤喜博は、中学生向けに書いた『君の可能性』（一九七〇）の中で[☆15]、家が貧しく悲しみが多かった少年時代を語っているが、小学校の運動会のことが、次のように記されている。

「私は小学校へはいる前に、右足の股の外側に大きな悪性の腫れ物ができて手術をした。手術をしたあと、よくほうたいがずり落ちたが、そんなときは奥のほうに、白い骨があざやかにみえていた。いまでもその傷あとは大きく残っているが、そのために小学校のときには走るのがひどくのろく、運動会の走りっこのときには、人から五メートルも十メートルもおくれて走っていた。そんなとき、まわりでみている親たちのなかからは、いつも大きな笑い声が起こった。私の走るのがあまりにものろいし、ぶざまだし、人から離れすぎているので、大笑いされているのだが、その声がきこえるだけに私は恥ずかしくてならなかった」（89頁）

五年生の頃、授業中も姿勢がきちんとしていないでぐにゃぐにゃと動いていたため、担任の先生から「コンニャク」というあだなをつけられ、同級生からもそう呼ばれるようになった斉藤は、大人になって、こんな短歌をつくっている（90頁）。

蒟蒻という渾名つけられし少年期寂しかりしかば今に至りぬ

斉藤は、こういうさびしい気持ちをもって育ち、大人になっても、そのときのこうした悲しみを心の底にもちつづけ、悲しみに耐えながら仕事をしてきた、と語っている。

中流意識の肥大化が進み、「昭和」が終わりに近づいた頃、私が勤めていた国立N教育大学の教員志望の学生が次のように語ったのを、私は今もよく憶えている。

「そんな、ひどい貧しさやさびしさや悲しみの経験をバネにしないとできないのが、教師の仕事なら、そういう経験がない、ごく普通の私には、とても教師はできません」

「普通」という言葉が、よく使われるようになりつつあった。たとえば、「ごく普通の子どもが、こんな非行に走るのだ」とか、「差別だとか、そういう子どもだけでなく、ごく普通の多数の子どもが問題をかかえていることに、もっと目を向けよう」のように。だが、ここで「普通」というのは、日本の中の「普通」である。地球上の国々を見ると、とりわけ厳しい南北問題の中で、「貧しさ」の時代は決して終わってはいない。「貧しさ」と戦争と差別によって傷つく子どもたちは、この地球上では、今も跡を絶たない。

2章 「やさしさ」の時代の教師と子ども

1節 「やさしさ」の時代状況

1 一九七〇年代の胎動する社会意識

見田宗介は、一九四五〜六〇年（プレ経済高度成長期）を「理想」の時代、一九六〇〜七〇年前半（経済高度成長期）を「夢」の時代、一九七〇年代後半〜一九九〇年（ポスト経済高度成長期）を「虚構」の時代と呼んだ。そして次のように述べている。[☆1]

「『終末論』と『優しさ』という、一九七四年の日本の二つの流行語は、社会構造の……転換に呼応する社会意識であると同時に、その後十数年もの間、一九八〇年代の終わりまで、時代の感性の基調を表現する言葉となった」（26-27頁）

「終末論」（終末の感覚）については、3章や終章でふれることとし、本章では、「やさしさ」を取り上げ、この観念が生まれた時代状況における教師と子どもについて考えてみたい。

一九六〇年代の終わりから七〇年代にかけて、大学紛争の終焉、高度経済成長のかげり、反公害闘争、反差別・解放運動、住民運動などを背景に、「やさしさ」というキー・ワードが一定の社会状況のもとで象徴的な意味をもった時期がある。本節のねらいは、当時の文学作品を手がかりに、「やさしさ」という言葉に含まれていた意味を明らかにすることによって、当時の日本の社会に胎動しつつあった社会意識の一側面を探ることにある。

「やさしさ」がキー・ワードになっていると考えられる文学作品をあらかじめ一定の基準で選定することは、きわめて困難であるが、ここでは、暫定的に、次のような作品を素材として取り上げることにした。

斉藤隆介『ベロ出しチョンマ』（一九六七）、庄司薫『赤頭巾ちゃん気をつけて』（一九六七）、石牟礼道子『苦海浄土』（一九六九）、灰谷健次郎『兎の眼』（一九七四）、高史明『生きることの意味』（一九七四）、長谷川集平『はせがわくんきらいや』（一九七六）、三田誠広『僕って何』（一九七七）、今江祥智『優しさごっこ』（一九七七）、灰谷健次郎『太陽の子』（一九七八）、高史明『いのちの優しさ』（一九八一）、灰谷健次郎『わたしの出会った子どもたち』（一九八一）など。

『赤頭巾ちゃん気をつけて』と『僕って何』は、新しい若者像を描いて注目された芥川賞受賞作品である。『ベロ出しチョンマ』は大人向けに書かれた童話集、『兎の眼』『太陽の子』『優しさごっこ』は児童文学の作家が創作した小説、『生きることの意味』は中学生向けに書かれた自伝である。これら五つの作品は、「やさしさ」をキー・ワードとしており、多くの大人の読者を獲得した。『いのちの優しさ』と『わたしの出会った子どもたち』は、作家の「やさしさ」についての考えを知るうえで参考になる作品である。『苦海浄土』は、水俣病にかかわる作品であり、第一回大宅壮一賞に選ばれた（ただし、本人は辞退した）。『はせがわくんきらいや』は、従来の絵本の概念をくつがえしたといわれる作品であり、第三回創作えほん新人賞を受賞した。

ここに挙げた作品は、「やさしさ」をテーマにしていることが明らかなものや、「やさしさ」という言葉がそれなりに重要性をおびて使用されていると見られるものである。

考察の方法としては、個々の作品の内容分析というよりも、作品の中の特定の文章、作家自身がその作品に関連して書いたと考えられる文章、同一作家の複数の作品の相互関連などを手がかりに、その作家が描いた「やさしさ」のイメージ、またはその作家自身の「やさしさ」の思想を摘出することを試みた。その際、時代を反映する「やさしさ」のイメージを描く作家と時代に先駆けて「やさしさ」の思想を表明する作家がいることに留意したい。いずれにしても、このような「やさしさ」を一定の時代に胎動する社会意識の諸相の表現として把握することが、本節の意図である。

2　「人間のやさしさ」

つらい人生と「やさしさ」

最初に、高史明と灰谷健次郎を取り上げよう。この二人の作品には、共通に取り出すことのできる要素が含まれているように思われる。それは、何よりもまず、差別・抑圧の中を生きる底辺の人々の

「やさしさ」である。

『生きることの意味』（一九七四）は、在日朝鮮人である高史明（コ・サミョン）がみずからのおいたちを中学生向けに書いたものである。第二次世界大戦前の日本で、朝鮮人であることの意味をつかめないまま子ども時代を送った金（キム）少年（高史明）は、深いさびしさにとらわれていくのであるが、たとえば一年生のときのお女郎さんとの出会いは、彼のひねくれた堅い心を開かせた出来事であった。後年作家になった高は、こうした底辺の人々との出会いという体験にもとづいて、次のような命題を引き出している。[☆2]

「人間は、貧しさや苦しさやさびしさに直面したとき、とても暗くなったり、意地悪になることがあります。でも、人間は、そこからやさしい感情をくみだしてくることもできるのです。この世の中で、もっとも深いどん底といえる場所で生きていたお女郎さんは、わたしに、この感情が人間にとってどんなに大切で、また強いものであるかを教えてくれたといえます。このやさしい感情は、どんな人も持っているものです。しかしまた、この感情は、もっともつらい人生をしっかり生きぬいている人ほど、豊かに持っているといえます。それは悲しみを乗り越え、人と人の裂け目を乗り越えていく力であるともいえるのです」（95‐96頁）

「もっともつらい人生をしっかり生きぬいている人ほど、「やさしさ」を豊かに持っている」という命題は、灰谷健次郎の作品、たとえば『太陽の子』の中にも見出すことができる。[☆3]

「沖縄の人には（略）つらいかなしい思いがあるのですね。つらいかなしいめにあってきた人ほど、そうしてはならないという思いも人一倍つよいはずですね先生。そんなふうに考えると、沖縄の人がなぜやさしいのか、てだのふあ・おきなわ亭にくる人びとがなぜやさしいのか、少しわたしにわかるような気がしたのです」（359-360頁）

この小説の主人公である小学生のふうちゃんは、琉球料理の店「てだのふあ・おきなわ亭」に集まる人々が、うずくような戦争の傷あとをかかえ、深い挫折感にさいなまれながらも、「やさしさ」をもって生きていることに気づいていく。

灰谷は、「人間の優しさと向き合おうとせず、それに甘えてきた[☆4]」（93頁）半生を思い、「さまざまな底辺の人たちに出会い、その優しさに支えられてきたのに、その意味が理解できなかった」（50頁）自分に気づく中から、高と同じ命題に到達したのである。

人を変える力として

先ほどの高の文章には、「やさしさは、悲しみを乗り越える力であり、人と人の裂け目を乗り越えていく力である」という命題が含まれていたが、さらに高は「やさしさ」を「人間を生かしていくほんとうの力になるもの」とみなしている。この命題は、灰谷の場合、『太陽の子』の中の次のようなキヨシ少年の言葉として示される。

「たしかに人間はひとりぼっちやけど、『肝苦（ちむぐ）りさ』の心さえ失わへんかったら、ひとりぼっちの人間でもたくさんの人たちと暖こうに生きていけるということがわかったんや。てだのふわ・おきなわ亭にきて、そのことがようわかったんや[☆3]」（385頁）

「肝苦りさ」（胸が痛い）という沖縄の言葉によって表される「やさしさ」は、同情のような情緒の世界にあるものではなく、「自らを変え、他人をも変える力」☆4（98頁）なのである。「共苦」といった方がよいかもしれない。それは、沖縄出身のぐれた少年キヨシがてだのふあ・おきなわ亭に集まる人々の「肝苦りさ」の心にふれて変わっていく物語に最も典型的に描かれている。

ところで、鶴見俊輔は、高の『生きることの意味』☆2の解説で、「それにしても、この本の底にある笑い、笑う力はどこから来るのだろう」（249頁）と述べている。高自身も、「なるほど、人間の世界には、人間でなければ引き起こすことのできないような悲惨な、さまざまな出来事が起こります。しかし、人間にはまた、どんなに苦しい生活の中でも、笑うことのできる能力があるのです」☆2（62頁）と語っている。この笑いは、灰谷の場合には、「楽天性」という言葉で語られている。彼は、さまざまな底辺の人々が「底抜けに明るかった」☆4（70頁）と書き、「楽天性とはいのちを慈しむという精神そのものなのだ」（157頁）と述べている。ちなみに、今江祥智は、『兎の眼』☆5の解説で、この作品にちりばめられている「剛直な笑いの精神」（330頁）を指摘している。

たたかう力として

高と灰谷の二人について見てきたが、すでに一九六〇年代に、童話の世界において、庶民の「やさしさ」を再発見しようとする試みがあった。斉藤隆介の童話集『ベロ出しチョンマ』（一九六七）は、その典型的な例である。たとえば、この作品集の中の「モチモチの木」は、夜中に一人でセッチンにも行けない臆病者の豆太が、病気の爺さまを助けるため、勇気を出して夜道をハダシでふもとの村まで医者を呼びに走る話であるが、斉藤は爺さまに次のように語らせている。

「おまえはひとりで夜道を医者様よびにいけるほど勇気のあるこどもだったんだからな。自分をよわむしだなんて思うな。にんげん、やさしささえあれば、やらなきゃならねえことは、キッとやるもんだ」[☆6]

こうしたけなげな「やさしさ」は他の作品の中にも見られるが、ここで注目されるのは、「やさしさは、たたかう力の源である」という斉藤の考え方である。

「本来のあるべき〝やさしさ〟というものは、ひとつしかないので、悪とたたかえるというのが〝やさしさ〟であって、悪とたたかえない〝やさしさ〟なんてのは、(中略)そんなものは〝やさしさ〟の真実ではないのです」[☆7]

このような意味での「やさしさ」は、灰谷の場合、『兎の眼』の中のバクじいさんの役所の課長に対するきびしい言葉[☆5](269-270頁)、『太陽の子』の中のろくさんの警察の人に対する抗議の言葉[☆3](373-379頁)などに典型的な形で描かれている。

ここで注目したいのは、たたかう力の源としての「やさしさ」が、部落解放運動や反公害闘争といった現実の運動の中で語られてきた「やさしさ」ときわめて似ていることである。部落解放運動に関しては、一人の運動家の死に際しての追悼文の一節を一例として挙げよう。

「真底やさしいからこそ、差別の悪にたいして、敢然と戦いつづけたのです」[☆8]

反公害闘争に関しては、松下竜一を一例として挙げることができる。彼は『豆腐屋の四季』(一九六八)の中で、けなげに生きる庶民の「やさしさ」を描いたが、住民運動にかかわるようになって、次のように考えるにいたる。

「私が、今や運動を通じてめざしている最大の命題が、やさしさがやさしさのままに強靱な抵抗力たりえぬのかということに尽きるといっていいでしょう」[☆9]

真木悠介は、『気流の鳴る音』（一九七七）の中で、次のように述べているが、そこにも同じ「やさしさ」を見ることができるであろう。[☆10]

「『苦海浄土』のみならず水俣病闘争のどの記録をみても、われわれの心をひきつけてやまない自然への共感能力と、そのおそるべきラディカルな戦闘性とは、この闘争の「やさしさときびしさ」の両面などと言われてきたが、この「両面」がひとつのものであり、「やさしさ」こそがラディカリティの原点であることはいうまでもない」（46頁）

ちなみに、日高六郎は「水俣から考えること」という文章の中で、次のように述べている。[☆11] 真木も日高も、自然への共感、自然の再生への願いを「やさしさ」と呼ぶ点では共通している。

「被害の実態をどこまでも追求していくきびしさと、われわれの自然、われわれのいわば母体である自然の再生を心から願い、また患者さんの人生のしあわせの回復を心から願うという、そういうやさしさですね。そういうきびしさとやさしさとが結びついたとき、公害反対運動はほんとうの意味で根づくのではないだろうかと思います」（63頁）

なお、人間の尊厳と結びつけた次のような「やさしさ」の定義も、ここで取り上げておく必要があろう。

「本当のやさしさは人間の尊厳が侵されようとするときには最もきびしく怒ることができる人の中に存在する」[☆12]

「やさしさというのは、人間の尊厳を守ろうと決心していることです」☆13

3 「いのちのやさしさ」

近代文明への反省

『生きることの意味』を刊行した高史明は、その八か月後に十二歳の息子の自死という悲痛な出来事に直面した。彼は、息子が書き残した詩を通じて、今日の子どものかかえこんでいる苦しさやさびしさが、近代という時代の生み落とした苦しさやさびしさの極限化であることに気づく。そして、そこから、彼は近代を見直す必要を感じ、次のような考えを表明している。☆14

「私は現代ということを考えるとき、この人間中心主義、あるいは人間至上主義、このことについての批判、反省というものがまことに根本的に重要ではないか、と思っております。（中略）人間中心主義と言いながら、いのちそのものは見失われてしまっている、いいえ、人間中心主義こそ、いのちを、言葉の知恵に換えてしまって、いのちをいのちという言葉と同一視してしまう構造を持っており、そもそもこのもっとも大事なものを、見失うようにできていると思えないでしょうか」（151－152頁）

このような視点から、高は水俣病について次のように書く。

「水俣工場で有害な水銀を、どんどん海の中へ流しこんでいた。海は泣いていただろうと思います。（中略）海もやはり生きている。海は泣きつづけていたのだ。私はそのように思うわけです。ところが、人間はその泣き声に耳を傾けようとしないで、どんどん水銀を流しつづけた。（中略）海が死にそうになって泣いている声が聞こえなかったのは、現代の人間が、海の声を聞く力を失っているからだとも言えないでしょうか」（162－163頁）

高史明が息子の自死に直面するという体験の中から見出した「いのちのやさしさ」を、灰谷健次郎は沖縄の人々との出会いの中から発見した。彼は『太陽の子』☆3の中で、ふうちゃんに次のように語らせている。

「いたずらをするカラスと仲良く暮らした話とか、台風のとき草花を部屋に入れてあげた話とかをおとうさんからきいたとき、沖縄の人たちはやさしいなと思っただけでしたが、今はもっと深い意味があったことを知りました。沖縄の人がすべての命を大切にするのは、これまでにたくさんのかなしい別れをしてきたからなのですね。ずっとむかしは人頭税というとてもひどい税のために、マラリアという伝染病のために、そして沖縄の戦争のために、たくさんの命が消えていったり離ればなれになったりしたのでしょ。沖縄の人たちはそんなつらいかなしい思いがあるのですね」（359頁）

『わたしの出会った子どもたち』☆4（一九八一）の中には、次のような言葉が見出される。

「沖縄から学んだことをひと口でいってしまえば、それは生命に対する畏敬ということではないか。人間の優しさというものは、そこからしか生まれてこないものなのだ」（157頁）

「圧殺されつづけた沖縄が日本のいのちを蘇らせる。近代文明の中で精神性を失った現代人が、ひとつの生命の存在の意義を考えることからふたたび人間として蘇生する。それをぼくは沖縄から学ぶ」（168頁）

「ぼくは沖縄から、子どもたちからいのちが生きるということの意味を教えられた。一つのいのちが成り立つためには、他の無数のいのちがそれを支えているのだということ、わがいのちも、また、他のいのちを支えているのだという思想が、人間の誠実さを生み、優しさをつくるのではないかということを教えられた」(240頁)

灰谷が見出したのは、「沖縄の文化が究極には人間の優しさによって支えられた文化であり、生命の対等観という調和の世界にあるものだということ」(148頁)だった。

このようにして、高と灰谷は、「いのちのやさしさ」という共通の命題に到達する。しかも、いずれも近代文明への反省を深めている点が注目される。

ちなみに、沖縄から「いのちのやさしさ」を学ぶという他の事例としては、たとえば、野本三吉『いのちの群れ』(一九七二)などがある。大江健三郎『沖縄ノート』(一九七〇)も、ここで取り上げている文脈の中に入ってくる作品にちがいない。沖縄が消費社会を生きる多数の日本人によって「癒しの島」として消費され、米軍人による少女暴行事件(一九九五)の際の沖縄県民の「訴え」が日本人の間に大きく広がることがなかった今日の状況を見るとき、これらの作品に見られる七〇年代の沖縄へのまなざしは、改めて注目されよう。

パトスの知

先ほどの高史明の水俣病への言及と同質の「訴え」の声は、石牟礼道子の『苦海浄土』(一九六九)に見出される。真木悠介が言うように☆10、漁民たちの自然への共感能力は、「いのちのやさしさ」に支えられていた。「『魚どん』と親しい漁民たちだけが、おそらく彼らの沈黙のことばを聴いた」(46頁)

のである。だが、産業至上の文明は、漁民たちと「魚どん」が共感する共同体を破壊した。

「小さな植物にひざまずき、カラスの声に予兆をききとって畏れるドン・ファンの共感能力があれば、水俣病は起こらなかったはずだ。人間主義（ヒューマニズム）は、人間主義を越える感覚によってはじめて支えられる」（49頁）

石牟礼は、たとえば患者と医師の関係を次のように描いている。[☆15] 医師が「サンビャクサンジュウサン、といってごらんなさい。サンビャクサンジュウサンと」というと、患者が「サンバクサンズウサン」というふうに答える。

「水俣病になじみの深い医師と患者の間では、徐々に、少し陽気で気はずかしそうな、あのなれあいをかもしだす。そうすることによって、両者は、互いをいたわっているようにみえる。不思議な優しさが両者の間に漂い、患者たちは、自分たちに表われている障害を、あの、ユーモアにさえ転じようとしている気配があるのだった。（略）患者たちは、先生方のヒューマニズムや学術研究を、いたわっているのにちがいなかった。（略）しかし、もし、たとえば仮に、その先生が、新しい論文を書くための関心のみで、自分たちを調べたりしていることを感じとれば、患者たちの間のびした声帯は、ほんとうに、棒か、壁のようにつっぱってしまい、五体不自由なこの人びとが発散するあの不思議なやさしさは消えうせて、両者はたちまちへだてられてしまうのだった」（51‐52頁）

ここには、患者たちの「やさしさ」を奪いかねない研究者の「知」のあり方へのきびしい眼がある。このような「知」への反省は、おそらく人間の弱さの自覚のうえに立つ「知」、すなわち「パトスの知」と結びつくであろう。[☆16] また、鶴見和子が『漂泊と定住と』（一九七七）の中で提唱した「公害とたたかう根としての土着科学」も、同じ文脈でとらえることができるであろう。

4 脱産業価値としての「やさしさ」

「赤頭巾ちゃん気をつけて」

一九六〇年代の終わりから七〇年代にかけて、青年の「やさしさ」を描いた作家が登場する。庄司薫の『赤頭巾ちゃん気をつけて』(一九六九)☆18は、ナイーブな世代感覚としての「やさしさ」を形象化した作品と考えられる。

受験生である主人公の薫は、「たとえば知性というものは、すごく自由でしなやかで、どこまでもどこまでものびやかに豊かに広がっていくもので、そしてとんだりはねたりふざけたり突進したり立ちどまったり、でも結局はなにか大きな大きなやさしさみたいなもの、そしてそのやさしさを支える限りない強さみたいなものを目指していくものじゃないか」(29頁)と考える。そして彼は、「ゴマすり型」でも「居直り型」でも「亡命型」でもない第四のコースを選びとろうとする。それは、次のような形で表現されるものである。

「ぼくは森のような男になろう。(中略)そのなかでは美しい金色の木もれ陽が静かにきらめいていて、みんながやさしい気持になってお花を摘んでたり動物とふざけたりお弁当をひろげて笑ったり歌ったりできるような、そんなのびやかで力強い素直な森のような男になろう。そして、ちょうど戦い疲れた戦士たちがふと海の匂い森の香りを懐かしんだりするように、この大きな世界の職場で戦いに疲れ傷つきふと何もかも空しくなった人たちが、何故とはなしにぼくのことをふっと思いうかべたりして、そしてなんとはなしに微笑んだりおしゃべりしたり散歩したくなるような、そんな、そんな男になろう……」（149－150頁）

企業戦士からの離脱

今かりに「戦士」を「企業戦士」におきかえることができるとすれば、ここに見出されるしなやかな「やさしさ」は、産業社会の中にありながら、それと対立する価値を守ろうとする生き方を示しているように思われる。『やさしさのゆくえ＝現代青年論』（一九八一）で知られる栗原彬は、次のように述べている。そこには、「つよいやさしさ」がある。

「やさしさは、産業社会が逆説的に産みだした価値意識である。それが逆説的であるのは、産業社会がもたらした『豊かさ』が、やさしさの苗床となるモラトリアムと引き延ばされた青年期を造りだしながら、他方で、当のやさしさは、産業価値への対抗価値として形成されたからである」☆19

しかも、この『赤頭巾ちゃん気をつけて』にあらわれた「やさしさ」は、童話的世界に仮託されて描かれている点に特徴がある。ふとしたことで出会った女の子に、薫が書店で絵本を選んでやる場面がある。

「赤頭巾ちゃんなんて誰でも知っている話だけれど、ものによってずいぶんちがっているのだ。（中略）ぼくは、このちっちゃな道草好きのやさしい女の子に、素敵な赤頭巾ちゃんのお話を選んでやりたかった。見知らぬ狼さんを見てもニコニコしてこんにちはなんて言ったり、森の中に咲いているきれいなお花を見てついおばあさんのために摘んでってあげようと道草をしたり、そして狼に食べられ

てもあとでおなかからニコニコして出てくる可愛い素直な赤頭巾ちゃんを」[18]（143頁）

だが、狼を企業戦士であることを強いる産業価値の象徴としてとらえるとしても、ここに見られるのは、産業社会の中で、スレスレのところを綱渡りみたいにしながら、その圧力を受け流していく生き方である。心やさしい赤頭巾ちゃんは、何に気をつければ、このような生き方ができるのだろうか。その答えが見出せないとき、薫の「やさしさ」を支えていたある種の「強さ」は失われ、笠原嘉が指摘した「やさしさの病理学」につながる要素が浮かび上がってくるのかもしれない。彼は、いわゆる「やさしさ業」には「不決定を生きるしぶとさ」が必要であると指摘しているが[20]、「しぶとさ」という一種の「強さ」は、どこから得られるのだろうか。

5　脱男らしさとしての「やさしさ」

「僕って何」？

三田誠広の『僕って何』（一九七七）の主人公は、母親や年上の恋人にふりまわされたり、大学のセクトの争いに巻き込まれたりしながら、「僕」を「僕」としてとらえきれない孤独やいらだちの中で、「僕って一体何だろう」とくりかえしつぶやいている[21]。

主人公の「僕」を特徴づけているのは、いつも他からの誘いかけに応じてしまう受け身の「やさしさ」である。たとえば、同じクラスの顔見知りの山田に誘われて何となくセクトのB派に入ったり、B派の情宣部長で年上のレイ子に押しかけられて同棲したり、話題の巧みな海老原の話を聞くとその気になってB派をやめ全共闘に入ったりする。自分から目的をもって何かをすることもなく、自分で何かを決定することもできない。もっとも、「僕」は「僕」なりに反抗しているともいえよう。たとえば、自分につきまとって下宿探しまでしてくれる母親の存在がうるさくて、電気釜を買おうとする母親と声高ないさかいをしてしまったり、同棲した年上のレイ子の意のままに動く操り人形の役割にさからって、自分にも意志があることをレイ子にみせつけてやるのだ、と思ったりする。だが、B派の中にも全共闘の中にも自分の居場所を見つけ出せなかった「僕」は、トシオという男に誘われて、また何となくついて行って、バーでしたたか飲んで、けがをして下宿に帰ると、母親とレイ子が待っていて、二人の「やさしさと思いやり」に、「何か身に余る扱いをうけてしまったようなうしろめたさにとりつかれて」、蒲団の中で小さくちぢこまるのである（158-160頁）。

男らしさからの離脱

「僕」という人物は、これまで正統とされてきた「男らしさ」を脱しつつあるのだが、新たなアイデンティティを見つけられないでいる。しかも、この「脱男らしさ」の反面には、「脱女らしさ」が生まれていることに注目する必要がある。『僕って何』の中には、次のような場面がある。☆21

「僕」は、何となくレイ子と同棲し、レイ子に命じられるままに家事をし、母親の買ってくれた電気釜も毎日活用するようになるのであるが、ある時、何かの拍子にレイ子がふと「以前の男」のことをもらす。

「〝あいつ〟と毎日顔をつきあわせていると息がつまりそうだったわ。〝あいつ〟はすぐに人を巻きこんでしまう人間だから、そばにいるとどうしてもあたしの〝精神の自立〟ってものが危うくなって

しまうの」（62頁）

これを聞いた「僕」は、「すると、〝以前の男〟といる時には得られなかった〝精神の自立〟が、自分と一緒なら得られるというのか」と思ってしまう（62頁）。

ちなみに、「男らしさ」を象徴してきた父親が登場しないという点では、『僕って何』と『赤頭巾ちゃん気をつけて』は共通している。

今江祥智の『優しさごっこ』（一九七七）は、離婚したとうさんと娘（あかり）の二人三脚の生活を描いた作品であるが、この中に次のような場面がある。[☆22]

「――ま、出世せんかて、ええヨメさんになり、やさしい奥さんになれ、しゃっきりしたお母さんになった方がええがな。

――それが女の出世やろか？

あかりの一言が、ふざけあっていたふたりの会話の中で、白く光る匕首になって、とうさんに突き刺さった。

――わたし、出世はせんでもええけど、自分のしたいことをちゃんと見つけたいわ。

あかりはまじめな顔で言った。

――そらそうや。そうしてほしいわ。

とうさんもまじめに答え、しみじみと女の子はかわったなあ……と思っていた」

このような女性の「脱女らしさ」に、男性がいかなる「脱男らしさ」によって対応していくか、という問題を浮かび上がらせたのが、ウーマン・リブを生んだ一九七〇年代であった。この問題は、今日なお続いている。

それにしても、『僕って何』の主人公「僕」の、あの受動性は、何なのだろうか。「僕」自身、次のように言っている。☆21

「あのレイ子と別れることはできない、と思う。けれども今でなくとも、いつか決断しなければならない時がくるだろう。レイ子の意のままに動く操り人形の役割も、そんなに長く続けられるものではない。いまのレイ子と僕の暮らしには嘘がある。自分にも意志があり、自分でものを考えて、時としてはレイ子にさからうことだってあるのだということを、レイ子に見せつけてやらなければならない。そうなった時はじめて、レイ子と僕とは、男と女として、対等な人間として愛しあえるのではないだろうか」（77－78頁）

しかし、レイ子や母親との間に生まれる葛藤を、単なる「受動性のやさしさ」としてではなく、まっとうに乗り越えていくにはどうしたらよいかについて、この作品は何も答えていない。

6　子どもの世界の「やさしさ」

長谷川集平の『はせがわくんきらいや』（一九七六）は、赤ん坊のときヒ素の入ったドライミルクを飲んだため後遺症で体が弱い「はせがわくん」を、一緒に遊ぶ子どもの視点から描いた、当時読む人に衝撃を与えた絵本である。☆23

「ぼくは、はせがわくんが、きらいです。はせがわくんといたら、おもしろくないです。なにしてもへたやし、かっこわるいです。はなたらすし、はあがたがたやし、てえとあしひょろひょろやし、

めえどこむいとんかわからへん」(30頁)

幼稚園のとき、「はせがわくん」は乳母車に乗せてもらってやってきたので、みんな「赤ちゃんみたい」と笑った。それ以来、小学校に入ってからも、「ぼく」や「ぼくら」は、山登りに連れていったり、野球をしたりして、「はせがわくん」とつきあってきた。だが、しんどくて、おもしろくないことが多いのだ。

「はせがわくん」のお母さんが「あの子は赤ちゃんの時、ヒ素という毒のはいったミルク飲んだの。それから、体こわしてしもたのよ」と説明してくれても、「ぼく」には、それがどういうことか、よくわからない。

「長谷川くんきらいや。せっかくぼくら仲ようしたりよるのに。野球のときも、ゆるい球なげてもらいよんやで。そやのに三振ばっかりや。ぜんぜん勝てへんやんか。頭にくるやんか」(49頁)

だが、「ぼく」は、「長谷川くん」に呼びかける。

「長谷川くん、もっと早うに走ってみいな。長谷川くん、泣かんときいな。長谷川くん、わろうてみいな。長谷川くん、もっと太りいな。長谷川くん、ごはん、ぎょうさん食べようか。長谷川くん、だいじょうぶか。長谷川くん」(50-51頁)

それでも、この絵本の最後では、「ぼく」は「長谷川くん」を背負って歩きながら、やっぱり次のようにいう。

「長谷川くんなんか　きらいや。大だいだいだい　だあいきらい」(54頁)

ここで、上野瞭が『われらの時代のピーターパン』(一九七八)の中で示した、この絵本の解説を聞いてみよう。

「この絵本がきっぱり拒否しているものは「同情」である。この世の中に大いに幅をきかせているあの「あわれみ」という人間対応の在り方である。「かわいそうやね」とか「大変ですわね」という言葉にひそむそれとは裏腹な「健常者」の自己満足ないし安心感。他人の不幸に哀悼の意を表しながら、じぶんがそうでなかったことに胸をなでおろす発想。そうしたしらじらしい人間の在り方に、この絵本は痛烈な一撃を加える。（略）

「ぼく」の言う「大だいだいだい　だあいきらい」という言葉こそ、「はせがわくん」のハンディキャップをじぶんのこととして受けとめている血のかよった言葉なのだ。なぜなら、この言葉は、「はせがわくん」に関わる「ぼく」の行動を美化することを拒否し、ひとりの当たり前の人間として、当然のことをしていることを示しているからだ。相手をじぶんと対等に受け入れた時、「よそいき」の言葉は死ぬ。じぶんの気持をそのまま相手に差しだす。「ぼく」はそれほど「はせがわくん」に関わっているのだ。（略）

こうした絵本が日本の絵本の世界にかつてあっただろうか。「やさしさ」を表現したものはそれまでにもあっただろうが、「やさしさ」をこれほど掘りさげて表現したものはなかったのではないか」☆24

7 「やさしさ」の座標軸

以上、文学作品にあらわれた「やさしさ」について見てきた。これらをもとに、「やさしさ」の座標軸を描くとしたら、どのようになるだろうか。仮説的な素描を試みてみよう。

一方には、差別・抑圧の中を生きる人々の「やさしさ」があり、他方には、産業価値から離脱する若者を中心とする人々の「やさしさ」がある。前者は、被差別者・被抑圧者など社会の周縁に位置する人々の社会意識の表現であり、そこには、たたかう力の源としての「やさしさ」が含まれている。後者は、高度経済成長による豊かさを反映した社会意識のあらわれであるが、そこには、それが人を変える力やたたかう力としての「やさしさ」と結びつくかどうかわからない、というあやふやさがある。また、伝統的な男らしさから離脱する若い男性の受け身の「やさしさ」が見られるが、その反面には、固定的な性役割（女らしさと結びついた「やさしさ」）から離脱しようとする女性の社会意識の胎動がある。さらに、自然（生命）への共感能力としての「いのちのやさしさ」が、近代文明への反省の中から浮かび上がってくる。そこには、「パトスの知」への関心も生まれている。

これらの「やさしさ」の観念は、特定の社会層に担われながら、互いに相交わったり、異なった位相においてあらわれたり、他とかかわりのない様相を呈したりしていると考えられる。

一九七〇年代、「やさしさ」は、このようにいろいろなあらわれ方をしていた。だが、これらの多方向的な「やさしさ」の中に通底するものを見出そうとすれば、「人間の弱さに注目する深い配慮」[☆14]（108頁）、「人間の弱さに対する繊細な感受性」[☆25]、「本来やさしさの原質をつくるべき、弱者、無力な者への視点」[☆19]（62頁）、「人間が有限な存在でしかないということの認識」[☆11]（196頁）、「人間の弱さの自覚の上に立つ知＝パトスの知」[☆17]といった表現が重要性を帯びてくるように思われる。

しかし、「やさしさ」は、しばしば、「甘え」を許す関係になったり、「ベタッとしたやさしさ、根拠のないやさしさ」になったり、「疑似やさしさ」になったりする。花崎皐平は、「やさしさ」を「疎外された社会的人間のありようを、共感という方法でとらえたときに生ずる感情[☆26]」と見なしたうえで、「甘え」を「相手が自分に共感してくれるものだと独善的に思い込んだうえで、相手の共感を要求する感情[☆27]」と定義している（なお、「甘え」については、土居[☆28][☆29]参照）。また大江健三郎は、作家のフラナリ・オコナーについて、「この子は障害をもっているから可哀そうだといういい方は、こういうベタッとしたやさしさ、根拠のないやさしさは、一番非人間的なものと結びつく可能性がある、（略）と彼女（オコナー）はいうわけです[☆30]」と語っている（なお、「優しさ」の定義については、大江[☆31]参照）。さらに栗原彬は、「支配的な体制や組織が操作する秩序強化のための虚偽意識としてのやさしさ」や「マイホームや企業やセクトなどで、自己中心的、ナルシシズム的に働く、自他を傷つけない、事なかれ主義の小市民意識としてのやさしさ[☆19]」（62–63頁）を「疑似やさしさ」と呼んでいる。

　このような文脈において注目されるのは、「同情」の拒否のうえに成り立つ「やさしさ」を描いた『はせがわくんきらいや』ではないだろうか。しかも、それが、大人や青年ではなく、「子どもの世界」の表現として出てきているところに、一つの特色がある（もちろん、大人の場合、「同情」の拒否は、『兎の眼』のバクじいさんなどに見られるのだが）。

　ちなみに、竹内敏晴が『ことばが劈かれるとき』（一九七五）の中でとらえた「子どもの世界」は、「はせがわくん」と「ぼく」との関係のあり方につないで考えることができるものを提示しているように思われる。

「例えば片足がなくて車イスに乗っている子どもと、運動能力が発達していて百メートルを十四秒で走れる子どもがいるとする。今の社会の中では、車イスの子どもは疎外され、自分でもコンプレックスを持って絶対に劣悪者にならざるを得ない。そういうことでいいのか。
ツンボと耳の聞こえる人、メクラと目の見える人、と言ってもいい。力の強い人と力の弱い人と言っても同じことだ。その、車イスの子どもと百メートル十四秒の子どもとが、お互いに能力を認めあって尊重しあえるような関係が持てるには、具体的に相手の能力を認めあわなければいけない。
認められるような能力を開発しなければダメなわけだ。同情とか、いわゆるヒューマニズムなんてものはインチキで、そういうことでお互いを尊敬しあえるわけはないので、子どもはもっと即物的でザンコクだ。その能力を発見、開発するということはどうすることか……」[☆32]
いじめなどによって「子どもの世界」が浸食されやすい今日、竹内が提起した問題の解決の方向は見出されているのだろうか。子どもたちの中で、「リアリズム」と「やさしさ」の両立は、どのようにしたら可能になるのだろうか。

2節 「やさしさ」の思想と教育

1 何が問題なのか?

「やさしさ」の時代といわれる一九七〇年代は、学校に焦点を当てると、教育の「効率化」や「管理社会化」が進みつつある時代であった。たとえば、鶴見俊輔は、一九七五年の『論壇時評』(朝日新聞)で、遠山啓の論文を引用して次のように言う。

「(遠山啓の)「教育のなかの競争原理」(『展望』)は近ごろの小学校でテストの答案を出す順番で点数に差をつけているのをきいて驚いたというところからはじまる。最初に出した子は減点されないけれども、二番目に出すと一点、三番目に出すと二点と減点し、四十番目に出した子は三十九点ひかれるそうだ。昔の先生は、「あわてて答案を出すでないぞ。ゆっくり考えて書け」と言ったもので、そのころは点とり競争だけだったが、今はスピード競争がくわわった[☆33]」

また、『子どもの本の現在』(一九八四)で灰谷文学を批判した清水真砂子は、今江祥智の処女出版の作品『山のむこうは青い海だった』(一九六〇)の解説で、次のように書いている。

「学校の先生たちに「歯を見せるな!」といわれて育った作者(今江)は、戦後自らも先生となり、中学生たちと新しい時代を生きながら、思いきり遊び、思いきり笑った。今また子どもたちは「歯を見せるな」と言われ始めている。休み時間でも両手をうしろに組んで、廊下を無言で歩くことを子どもたちに強要する小学校さえ出てきている[☆34]」

一九八〇年代には、この傾向はさらに進んでいく。筆者が国立N教育大学にいた頃、同和教育研究生として長期研修にきていた教師たちが、たとえば体育館に女生徒を一列ずつ並べてスカートの長さを測っていくのを、ごく当たり前のこととして受けとめているのに驚いたことがある。そういうことをせざるをえないことに、「痛みを感じる」と私は言ったが、教師たちの反応は鈍かった。たしかに、当時は、校内暴力の時代でもあったのだが。

このような時代状況の中で、「やさしさ」の教育思想と呼ぶべきものがどんな意味を持っていたかを考えることが、本節の目的である。

ところで、「やさしさ」の時代といわれる一九七〇年代は、フォーク・ソングの時代でもあった。たとえば、『あの素晴らしい愛をもう一度』（北山修作詞・加藤和彦作曲）を見てみよう。愛する二人の間には「同じ花を見て、美しい」という同じ価値感情が共有されていた。つまり、「心と心のつながり」が成り立っていた。だが、今は、それが失われた。一人の女と一人の男がそれぞれの生き方の違い（筆者が使ってきた言葉でいえば、身の処し方の違い）に気づいたとき、もはや共有された価値感情を見出すことはできない。七〇年代に刊行された『兎の眼』の小谷先生も、夫の生き方と自分の生き方の違いに気づいたとき、同じ経験をしたと思われる。この点では、五〇年代の新聞連載小説『人間の壁』の尾崎先生と夫の間も同じである。価値感情を共有できない二人は離婚する。これに対して、戦前の『二十四の瞳』の大石先生と船乗りの夫との関係は、見えにくい。この小説には、出征するとき子どもを抱きかかえ、「大きくなったら、おばあさんやおかあさんをだいじにしてあげるんだよ」という父親の言葉くらいしか出てこない。だが、当時の時代状況から推測すれば、家の共同体を守ろうとする価値感情が、意識するにせよしないにせよ、夫婦の間で共有されていたのであろう。戦争で夫を奪われた戦後の大石久子は、戦前からの世間への小さな抵抗を踏まえながら、多少とも民主化された家庭を母子で築こうとしていたように思われる。事実、戦前の彼女は、教え子の女の子たちが女らしく生きていくことを宿命と受けとめているのを疑問に感じていた。だが、彼女が戦後どんな教師になっていったかについては書かれていないので、この点は不明のままである。

女と男の愛の問題はさておき、教師と子どもに話を移そう。文学作品の中では、ある風景やある事物が、独特の意味を帯びることがある。『二十四の瞳』には、「一本松」がきわめて象徴的な存在として随所に出てくる。それは、大石先生の家の近くにあるのだが、岬の突端の分教場からは海の向こうに見える。子どもたちは、さびしいとき、「一本松」を遠くながめ、大石先生も、分教場から、「一本松」を見て孤独を癒す。「一本松」を仲立ちにして、大石先生と子どもたちは、心をつないでいるのである。『兎の眼』の小谷先生にとって、大石先生の「一本松」に相当するものといえば、「兎の眼」のように美しい眼をした「善財童子」であろう。だが、それは、小谷先生が鉄三のような子どもたちと格闘し、夫と心を通わすことができなくて疲れ切ったとき、「人間が美しくあるための抵抗の精神」を思い出させてくれるものではあったが、子どもたちと彼女を直接つなぐものではなかった。小谷先生は一人きりで「善財童子」と対面し、そこから力を得て、鉄三たちとの「つながり」を築いていこうとする。他方、『人間の壁』の尾崎先生や沢田先生にとっては、「一本松」や「善財童子」に相当するものはない、といった方がよいであろう。強いていえば、教師たちがながめるのは、炭坑の煙突の煙や煙を吐き出して進む汽車（当時の産業社会の象徴）である。そこには、教師と子どもたちの仲立ちをする「一本松」などはないが、尾崎先生や沢田先生は、学びの基盤となる「心のつながり」を何よりも願いながら、「貧しさ」と闘おうとした。

要するに、『二十四の瞳』では、「一本松」は、いつも向こうに動かずにあって、大石先生と子どもたちを支えたが、『人間の壁』では、尾崎先生や沢田先生は、炭坑の煙を向こうに見ながら、手元にあるものは何でも使って掘建て小屋を作るように、子どもたちとの「心のつながり」を実現しようとした。これに対して、『兎の眼』では、風景としては、学校の隣の塵芥処理所の煙突の煙が、当時の「公害」の象徴として描かれる。「スモッグ警報」も出てくる。だが、この小説では、小谷先生は、どこに、どのように「つながり」を求めていくのだろうか。ここでは、まず、小谷先生の身の処し方の背景にある「やさしさ」の教育思想と呼ぶべきものを検討してみよう。

灰谷健次郎は、ある研究集会で、教師から次のような質問を受けた。「あなたはご自分の作品の中で、心身障害児や底辺の子どもたちのことを好んで書くけれど、普通の多数の子どもたちのことを、もっと書いてもらいたい。そういう子どもたちに同情の目を向けるのはけっこうだけれど、あなたは差別という問題に、あまり神経質になり過ぎているのではないか」[☆35]。これに対して灰谷は答える。

「わたしが障害児や底辺の子どもたちに目を向けるのは、彼らの生の営みの中から、人が生きることの意味を教わろうとしているからだ。わたしが彼らに同情の目を向けているという言葉は取り消してもらいたい。わたしが差別に神経質なのではなく、あなたが無神経なのだ」（46頁）

この質問をした教師について、灰谷は次のように書いている。

「たぶんこの教師は、多数に目を向けているつもりの自分を正しいと信じているのだろう」（54頁）

「障害児や底辺の子どもたちに目を向けること」と「普通の多数の子どもたちに目を向けること」の違いだけでなく、さらに「障害児や底辺の子どもたちに同情の目を向けること」との違いも問題になっている点を踏まえたうえで、ここで提起されているのが、少数者と多数者という問題であることに注目しよう。少数者とは、「表面から隠されていたり、差別を受けたり等々、多数者の前に声がかき消されている存在[☆36]」にほかならないが、こうした意味での少数者に目を向けることを、灰谷は求めているのである。

灰谷が「障害児や底辺の子どもたち」に目を向けるのは、「彼らの生の営みの中から、人が生きることの意味を教わろう」とするためである。彼らが経験していることが、他の子どもや教師が経験したことのないものだとすれば、他の子どもや教師は彼らの経験から学ばねばなるまい。それは、彼らの経験を聖化したり特権化したりすることでもなければ、彼らの経験を凝固した体験に閉じこめることでもない。そうであればこそ、彼らに同情の目を向けるのではなく、彼らとの間に、彼らの生きられた経験が開示されるような「つながり」を生み出すことが求められるのである。今広島に住む私は、「原爆の子の像」の佐々木偵子を思い出す。彼女の生きられた経験が広く開示されることによって、すでに死者である彼女と外国の子どもとの間に、「つながり」が築かれうることに注目したい。

　本節では、高史明、灰谷健次郎、林竹二を取り上げる。その理由は、とくに灰谷と林が対談やエッセイその他によって、相互に共鳴し合っているので、この思想の持つ共通の諸要素を取り出しやすいと考えられるからである。ただし、1節で見たように、「やさしさ」にはさまざまな位相があるので、この三人とは異なる考え方を見落とす恐れもあることに留意しておきたい。

　また、この三人に限定するにしても、二つの困難があることをことわっておきたい。一つは、「教育の言葉」が持つ困難である。たとえば高史明は、雑誌『世界』に掲載された文章の中で、自己の方法について、「私自身の体験したこと、それを通して教えられ考えさせられていること、それを私の言葉によって語る」[☆37]と述べている。この雑誌の文章について、見田宗介は、「やさしさ」や「命」といった言葉を例に挙げながら、次のように指摘する。[☆1]

「『世界』の特集の巻頭で高史明が、「大きな命の優しさを信じて欲しい」という題で、思いをのべている。このことばは高史明が、高史明に固有の生きられた苦痛の中で、たしかにつかみとってきたことばである。このように人がことばをたしかにつかみとる、という事実にたいして、わたしは素直でありたいと思う。——けれど、この言葉が高史明という存在をはなれて持ち回られるなら、たちまち歯の浮く美辞にすぎない」（159‐160頁）

「教育の言葉」が、本人や仲間の間では、感動を表現するものであっても、彼らの生きられた経験や彼らがつくり上げた関係をはなれて、その言葉が一般化されて語られ始めると（それが善意の説教であっても）、鯖や鰯のように、たちまちその鮮度を落とすだけでなく、退屈とシラケを生む、という見田の指摘は、教育にかかわる言葉の避けがたい宿命をすら感じさせるように思われる。「現場の記録の中には、ほんとうに心魅（ひ）かれるものがある」（160頁）と見田も認めるのではあるが。

もう一つの困難は、ここで取り上げる著作の多くが文学作品であるということの中にあるが、しかし、この点については、すでに最初に検討したことなので、本章でも、1章と同じような試みを続けたい。

2 「やさしさ」の教育思想

「人間のやさしさ」と「いのちのやさしさ」

すでに1節で見たように、底辺の人々に象徴的に見出される「人間のやさしさ」（人を変える力としてのやさしさやたたかう力としてのやさしさを含む）と近代文明への反省を踏まえた「いのちのやさしさ」は、高史明と灰谷健次郎に共有されていた。

高は、子ども時代に出会った底辺の人々や学校の教師、そして父親を通して、灰谷は、労働者時代に出会った底辺の人々、教師時代に出会った子どもたち、教師をやめて放浪中に出会った沖縄の人々を通して、「人間のやさしさ」を発見していく。

高がみずからの体験にもとづいて導き出した命題は、すでに見たように、次のようなものだった。念のため、もう一度引用しよう。

「人間は、貧しさや苦しさやさびしさに直面したとき、とても暗くなったり、意地悪になることがあります。でも、人間は、そこからやさしい感情をくみだしてくることもできるのです。（略）このやさしい感情は、どんな人も持っているものです。しかしまた、この感情は、もっともつらい人生をしっかり生きぬいている人ほど、豊かに持っているといえます」☆2（95–96頁）

私がこの文章にはじめて接して以来今日にいたるまで、抱きつづけてきた疑問がある。一方では、人間は、「貧しさや苦しさやさびしさに直面したとき、とても暗くなったり、意地悪になることがある」が、他方では、人間は誰でもやさしい感情を持っており、貧しさや苦しさやさびしさに直面しても、「そこからやさしい感情をくみだしてくることができる」、と高は言う。しかし、暗くなったり意地悪になった状態から立ち直ることができず、やさしい感情をどこからもくみだしてくることができない人が、現実には、存在するのではないか？　そして、つらい人生をしっかり生きぬいていくことができない人がいるのではないか？

こういう疑問を持つ人は、決して少なくないように思われる。たしかに、この疑問に応えようとする努力は、二人の作家にも見られる。たとえば、灰谷の『太陽の子』は、キヨシといった人物を造形している。それよりも、二人の作家が出会った底辺の人々は、どん底にありながら、やさしい感情をくみだしてくる人たちだった。その人たちから学ぶという経験を、二人の作家はしている。根本的に、高と灰谷は、人間の「笑う能力」や「楽天性」（1節2参照）を信じている作家なのである。

野間宏は、『青年の環』（一九七七〜七八）の中で、第二次世界大戦前、被差別部落に生まれ、きわめて悪質な差別を受けつづけ、ねじれにねじれた人格を形成し、たかりなどのあくどい行動を繰り返し、復讐の鬼と化したともいえる人物（＝田口吉喜）をつくり出した。この作品を評価する能力は、筆者にはない。だが、このような人物を生み出さないような人と人の「つながり」を、子どもたちとのかかわりの中で、どのようにつくり出していくか、という課題に取り組むことが教師に求められているのだとすれば、このような人物をどうとらえるか、考えることを避けるわけにはいかないだろう。

その際、1章で引用したエーリッヒ・フロムもいうように[☆38]、「すべての人間が自らの内部にすべての人間性を持つこと、私たちは自らの内部で程度の差こそあれ聖者であるとともに犯罪者であり、それゆえ他人の中で自分の一部であると感じることができないものはないということ」（127頁）、「ひとりひとりの人間がすべての人間性――犯罪者のみならず聖者をも――を自分の中に持っていること、……ゲーテが言ったように、自分がその犯人となることを想像できないような犯罪はない、ということ」（100頁）、――こうした前提（フロムに従えば「人間主義の前提」）のうえに立って、人間独特の能力を見出す努力をする必要があろう。そういう能力として、高は「笑う能力」を、灰谷は「楽天性」を見出したのであった。ちなみに、フロム自身は、人間独特の体験として、"tenderness"を挙げている。とはいえ、人間主義（の限界）については、別の議論がありうるだろう。

ところで、「貧しさや苦しさやさびしさへの直面」と「暗くなる、意地悪になる」の間に、「自尊心の傷つき」を入れた方が説得力のある解説ができるようにも思われる。「貧しさ、苦しさ、さびしさ」に直面しても、「自尊心の傷つき」を経験しなければ、「暗くなる、意地悪になる」という結果につながらない場合もありうるのではないか。鑪幹八郎は、恥をかかされて、傷つけられた自尊心を回復するために、卑屈になったり、意地を張ったりして、自己破壊にいたるケースとして、一九八〇年に起こった「金属バット殺人事件」を分析している[☆39]。高い要求水準に見合う成績がとれず、受験失敗によって自尊心を傷つけられた浪人生が、お金のことでいさかいになって、両親を金属バットで殴り殺した事件である。

一九八〇年代は、すでに多くの人々が「貧しさ」には直面しない時代に入っていた（テレビでは、『おしん』のようなドラマが視聴率を高めていたが）。だが、「苦しさやさびしさ」に直面することがなくなるわけではない。灰谷は、次のように述べている[☆35]。

「生活というものはいくら物質的に恵まれようとも辛酸な部分をくぐらなければ成立しえないものである。人間的な優しさとか他人に対する思いやりは、それをくぐることによって身につけることができる」（83–84頁）

生活の辛酸な部分、すなわち、「つらい、苦しい経験」のイメージは、かつては「貧しさ」と結びついていた。しかし、「貧しさ」に直面しない時代に入ると、この「つらい、苦しい経験」のイメージは、何となく不明瞭になっていく。前述の殺人事件の浪人生の場合、「つらい、苦しい経験」とは何だったのか、それは「自尊心の傷つき」とどこでどうつながっていたのか。灰谷は、「やさしさ」が成り立っていく過程に子どもたちの「いくさ」があることに注目する。

「彼ら（子どもたち）はそのいくさを通して強靱にもなり、人間としてのしなやかさも身につけていくのです。（略）かなしいことに、子どもたちのいくさの相手が親であったり、教師であったりするとき、決して望まないドラマが展開して、喜劇やら、悲劇やらが生まれてしまう……」（217頁）

ここに、今日の日本の子どもたちの不幸がある、と灰谷は考えるのである。たしかに、「貧しさ」が生み落とす「苦しさ」や「さびしさ」は減ってきたが、子どもたちは家庭生活の中での「いくさ」や学校生活の中での「いくさ」を避けることはできない。だが、その「いくさ」のありようによっては、「人間としてのしなやかさ」を身につけることができないという、今日の子どもたちの不幸が生まれるのである。

こうして、「人間のやさしさ」を「いのちのやさしさ」にまで深め、「いのちのやさしさ」という視点から「人間のやさしさ」をとらえかえす、という試みが、二人の作家によって、それぞれの道を通って行われていくのであるが、その点については、すでに1節でふれた通りなので、繰り返さない。

ここでは、林竹二の取り組みの中に、高や灰谷の「いのちのやさしさ」に通じる共通の問題意識が見られることを指摘しておきたい。「生命にたいする畏敬だけが教育を可能にする」[☆40]（34頁）という教育観を繰り返し語っている林は、学校教育について次のように述べている。

「学校という制度的存在のなかに『投げだされている』子どもたちも、……たよりない存在である。そのたよりない子どもたちがすくすくのびてゆくためには、かれらの成長に必要なものへの周囲の配慮が不可欠である。周囲にあたたかい配慮が欠け、恣意的におのれの欲するところを施すのに急であるならば、その結果は、生命の圧殺につながってゆく。生命あるもの、生命への畏敬だけが、教育を

この退廃からすくってくれる。いま、このことを銘記する以上の緊急事はない」(35頁)

1章で、『人間の壁』の沢田先生の教育観とその行動を見てきたが、林のこの言葉の中に、それときわめて似通ったものを見出すことができるのではないだろうか。子どもに対する「周囲のあたたかい配慮」は、沢田先生が何よりも求めたものであったが、それは、沢田先生の具体的な行動を見ればわかるように、お世辞や甘やかしとは無縁な「きびしさ」を伴うものであった。林は、一九七〇年代のはじめから、小学校に入り、子どもたちを相手に彼なりの独自の〈授業〉を行うことになるが、あとで見るように、そこには「あたたかい配慮」のうえに成り立つ「きびしさ」があった。しかし、沢田先生の場合は、子どもたちがものを学ぶ基盤としての「温かさ」と「きびしさ」が問題だったが、林の場合は、後述するように、「子どもがものを学ぶこと」自体を問題として取り上げ、教師と子どもの関係を独自の〈授業〉の中で問い直そうとした。

教師の「やさしさ」

『生きることの意味』☆2の中の金少年は、小学校に入学して以来、朝鮮人であるという解ききれぬ〝なぞ〟から、恐れと不安にとらわれ、それから逃れようとして学校で衝突と乱暴を繰り返し、そうすればするほど、いっそう深いさびしさにとらわれていくのだった。彼にとって、学校は、(勉強するところではなくて)「いつもおどおどしていなければならない場所」(83頁)だった。

高史明は、小学校時代に出会った三人の教師の対比を通して、教師の「やさしさ」に言及している。彼は、まず、四年生のときの先生について次のように述べている。

「わたしの四年生のときの先生は、貧乏がとてもきらいでした。この世の中には、貧乏の好きな人はいないと思うのですが、この先生の場合は、神経質だと思えるほどでした。この先生は、いつもよごれた服を着ているわたしがそばに近づくと、ほとんど生理的に顔をしかめてしまうのです」（174頁）

「四年生のときの先生にとっては、わたしがただ悪いことさえしなければ、それでいいのです。（略）先生の目は、わたしという一人の人間よりも、もっぱら学校の規則に向いているのでした」（174頁）

その後、五年生の担任の先生（阪井先生）の力によって、金少年は大きく変わるのであるが、しかし、六年生のとき、四年生のときの先生が再び担任となる。

「この先生は、四年生のときとまったく変わらない目で、わたしを見ていました」（190頁）

「そのころ、衣類の不足はかなり深刻になっていて、わたしたちにとっては、学校で配給される学童服が大きな魅力でした。ですから、この配給のくじに当たった人は、だれでも大喜びして、当たらなかった人はみんなため息をついたものです。わたしだけは別でした。わたしにとって一番つらいときは、このくじに当たったときになるのです。わたしには、たとえくじに当たっても、それを買うお金がなかったのでした。ほしくてたまらない服を前にして、〈どうかくじに当たりませんように！〉と思っていたとき、わたしの心はどんなに暗かったことでしょう。先生は、そのわたしの思いがわからないのでした」（191頁）

次に、一年生から三年生まで担任だった女の先生（松尾先生）は、金少年にとって、「とてもやさしい先生」（175頁）だった。

「わたしがどんなにきたないかっこうをしていても、きたないからといってまゆをひそめることはありませんでした。先生は、わたしのボタンがちぎれていると、自分でつけてくれる先生だったのです」（175頁）

このように、松尾先生は、情緒的な「やさしさ」を示し、親切で、よく面倒をみてくれる先生だった。しかし、「それだけでは、どうしようもない貧しさ」（175頁）が、金少年のまわりにはあった。「先生がどんなにやさしくしてくれても、この貧しさに打ち向かっていく道が見つからないかぎり、わたしはわが家の現実にどんどん追いつめられていくばかりだったのです」（175頁）

これに対して、五年生のときの阪井先生との出会いは、高史明がほんとうの「やさしさ」を発見するうえで、非常に貴重な体験であった。この先生は、出会いの最初から金少年を叱り、金少年と衝突を繰り返す。しかし、それは、「朝鮮人を朝鮮人だからといって軽蔑したり、わたしを貧乏だからといってばかにする気持ち」（173頁）をまったく含んでいなかった。阪井先生は、ひねくれてわざと反抗的な態度をとる金少年を、「いつまでたっても見捨てようとしない」（178頁）で、根くらべするかのように金少年と対決しつづける。この先生は、朝鮮人である金少年のことを一人の生徒として「本気で心配し」（176頁）、金少年が「ひねくれた心に負けているのをおこっている」（178頁）のだった。「先生がなによりもきらいだったことは、困難を前にして逃げようとしたり、困難の前で卑屈になって、人間の誇りを捨ててしまうこと」（175頁）だったのである。こうして阪井先生は、朝鮮人である金少年をはげまし、金少年に「自分の道を自分で切り開いていく勇気」（175頁）を与えようとしたのである。

阪井先生の「やさしさ」の中には、いくつかの重要な要素が含まれている。
① 朝鮮人だからとか、貧乏だからといって、ばかにする気持ちがまったくない。
② 朝鮮人である金少年を一人の生徒として本気で心配する。
③ ひねくれた心に負けているのをおこる。困難を前にして逃げようとするのをなによりもきらう。
④ 決して見捨てようとしない。

これらの要素が働くことによって、金少年の堅い心が開かれるのである。このような阪井先生の「やさしさ」は、「日本人であるとか、朝鮮人であるとかいうわくづけを越えて、日本人でありながら、その日本人であるということをもうひとまわり大きく包みこむ〝人間〟であるということ、人間の尊厳ということにもとづいた先生の生き方から生まれ出てくるものであった」(186頁)と、後年大人になった高史明はとらえているのである。

今、仮に、松尾先生の「やさしさ」を「やさしさⅠ」、阪井先生の「やさしさ」を「やさしさⅡ」と名づけるとすれば、「やさしさⅡ」こそは、高史明にとって、ほんとうの「やさしさ」だったということができるであろう。

ところで、林竹二の『授業・人間について』(一九七三)は、教師の「やさしさ」が授業の中でどのようにあらわれるかを示したものとして注目される。[☆41] 林の〈授業〉の主題は、「人間存在の基本的事実にかかわる事柄であれば、大学でも中学でも小学校でも立派に授業はできるはずだ」(182頁)という仮説ないし予想から選ばれたものであった。最初の〈授業〉は、一九七一年、福島県の小学校で行われた。「人間とは一体何だろうか?」という問いから始まり、動物との違いについて問答を繰り返し、考える素材として「ダムを造るビーバー」「ケーラーの実験」などを提示しながら、子どもに発問し、子どもの発言を吟味にかけていく〈授業〉である。その後、各地の学校で、〈授業〉を積み重ねる中で、「発問」と「吟味」という林の〈授業〉のソクラテス的な特徴は、いっそう明瞭になっていく。

ここで指摘しておかねばならないが、林の〈授業〉は、本職の教師の「授業」と同じものではない。大学の学長である林は、本職の教師が日常的な業務として行っている「授業」とは異質の〈授業〉を試みた。その結果、彼は、日本の学校で行われている「授業」に対して根本的な疑問を投げかけることになる。そこでは、林は〈授業〉を通して「授業」がかかえている問題を指摘し、今日の学校教育に対する批判にまで及ぶのであるが、しかし、教師たちは、〈授業〉を「授業」と同一視し、日常的な業務を越えて「授業」を吟味することをしない。そういう教師たちに、林は絶望感を強めていっているように思われる。また、林の行動は、教師以外の人たちの学校教育への「関与」のあり方についての問題提起となっており、検討すべき事柄があるように思われる。だが、本節のねらいは「やさしさ」について考えることにあるので、問題をそこに限定したい。

まず、林が小学校で行った授業に対する宮前貢（小学校教師、大学院での林の教え子）の感想を引用することから始めよう。

「子どもたちの（林先生の授業についての）感想文を読むと、子どもたちは、いつまでたっても、「やさしく、あたたかい」先生にひかれるものだということが、よくわかります。このことは、小学校教師にとって、「やさしさ」こそ、子どもの心を開かせる決定的条件であることをしめしているといっていいと思います。

子どもたちは、ただ単に、先生のやさしいことば使いや笑顔などに先生の「やさしさ」を感じとっているだけでなく、（略）先生が子どもたちにきびしく問い返しながら、一人一人の子どもたちが、ほんとうのところにたどりつくまで、決して投げすてずに一生懸命わかりやすく説明していた先生の人間的なあたたかさに、先生のやさしさを感じとっています。

ここで私は、表面的なやさしさよりもむしろ、一人一人の子どもをだいじにして真実を追究させ、一人一人のもてる力をひきだしてやるところにこそ、教師としての『ほんとうのやさしさ』があることを強く考えさせられました」（255頁）

林自身は、次のように述べている☆40。

「どうやら子供のいう「やさしさ」は、「いばっている」に対するカテゴリーであるらしい。子供たちは、人間のやさしさにたいして心を許し、心を開く。「いばる」は「威を張る」で威を張らねばならぬような関係の不存在が、どうやら教育的な交渉の成り立つための最初の要件であるらしい」（59頁）

「「わからないときは、わかるまで人に聞く」という事は、（略）その教師のやさしさのあらわれとしてうけとめられている。子供が教師の中に見る「やさしさ」は、彼ら教師にたいして心を許し、心を開いて授業に投入する条件にもなるものだが、それは、授業におけるきびしさと相即して捉えられていることがここでも認められる」（68頁）

「質問を出して、子どものなかに何かがある、何かが働いている、そこをなんとか引き出すために、いろいろと手を尽くす教師の行為というものが、子どもにやさしいと受けとめられる。それは単にやさしいという「人柄」の問題ではない。授業のなかでの子どもたちにたいする根気づよいはたらきかけを媒介として、やさしさという、そのイメージが子どものうちにつくられるわけです☆42」(39-40頁)

教師の「やさしさ」は、何よりも、「子どもの心を開かせる」ものとしてあり、また「やさしさときびしさ」は一体のものとしてとらえられている。そして、「やさしいことば使いや笑顔など」は、「やさしさⅠ」の要素であるが、それだけでなく、「きびしく問い返しながら」、「決して投げ捨てずに」というふうに、「やさしさⅡ」の要素が含まれている。教師の「やさしさ」の構造は、ここでも、「やさしさⅠ」と「やさしさⅡ」を含んだものとしてとらえることができるのである。

ちなみに、「やさしさときびしさ」については、「やさしさのないきびしさは、教育におけるほんとうのきびしさではない。そしてきびしさのないやさしさを、子どもは相手にしません☆43」(59頁)という林自身の言葉があるが、彼が挙げる具体例を通してもう少し見ておきたい。少し長くなるが、林のいう「吟味」がどんなものであり、それが「やさしさときびしさ」にどうつながるのか、をよく考えるための素材として引用する☆43。

「去年(一九七五年)の『総合教育技術』五月号が私の授業の特集をしましたが、その中に東京の永田小学校の四年生とやった授業の記録があって、すこし感想も出ています。私はビーバーの池(中央にビーバーの巣が見えている)の写真を見せて、これは何だと聞いたんです。最初にあてた中川という女の子が、ビーバーの巣と答えた。私は、どうしてあなたはビーバーの巣だと判断したんですかと聞いた。そうしたら図鑑でみましたと言いました。それでは答えにならない。図鑑にどういうことが書いてあって、そのことがこの写真のどこにあてはまるのか、それがはっきりしないうちは、答えたことにならないんです、と言って問いつめたわけです。なかなかうまく答えられない。ずいぶん時間をかけた。その間立ちづめでした。最後にちゃんと答えが出たのですが、授業のあと、永田町の先生方と話し合いをしたときに、先生がたは、わたしたちにはあんな残酷なことは出来ないと言いました。中川さんがうまく答えられないで立ち往生していると、ほかの子どもはみんなハイハイと手を上げる。私は、これをおさえて、いま中川さんが考えているんだから待ってくれと全部おさえて、中川さんに引きつづき考えさせたのです。ほんとうに残酷なのは、中川さんを放りだしてすぐほかの子どもを指名してしまうことでしょう。そうすると中川さんは考えることをやめてしまう。これがくりかえされると、考えない習慣ができてしまうわけです。ただ、どこからか仕入れてきたことをしゃべって、それがあたっていれば、それでよしとするような、そういう子どもができてしまうんです。それが、ほんとうに残酷なのです。因みに私に問い詰められて長い時間立ち往生をした中川さんは、私を「やさしい」と言い、また友だちのように思えたと感想に書いています」（59-60頁）

最後に、灰谷健次郎を取り上げるが、『兎の眼』[☆5]の中では、前述の二つの「やさしさ」が、学級の子どもたちの世界で、次のように描かれている。

小谷先生の学級（一年生）で、みな子という障害児を一時預かることになる。

「みな子は朝、おばあさんにつれられて学校にくる。おばあさんに自分の席を教えてもらって、いちどはちゃんとすわるけれど、三分間とはじっとしていられない。友だちのもちものをいじる。（略）みな子はたえずなにかをしていたい。しかし、みな子がなにかをすると、それはたいていひとにめい

わくをかけることであった」（137-138頁）

子どもたちは、はじめは何とか迷惑をかけられまいとするが、やがて、次のようにいう子どもが出てくる。

「ぼく、みなこちゃんがノートやぶったけどおこらんかってん。（略）おこらんと、でんしゃごっこしてあそんだってん。おこらんかったら、みなこちゃんがすきになったで。みなこちゃんがすきになったら、みなこちゃんにめいわくかけられてもかわいいだけ」（153頁）

子どもたちの発案でみな子ちゃん当番がつくられ、交代で世話をすることになるが、子どもたちは悪戦苦闘する。あるとき、みな子がスプーンをおいて給食を手づかみにしたら、一人の子どもが「ダメ」と叫んでみな子の手をぶった。みな子はしかたなしに、またスプーンで食べはじめる。このことがきっかけで、みな子のことを話し合う時間をもったが、子どもたちからこんな意見が出た。

「みなこちゃんがわるいことをしたら、みんなでちゅういするほうがいいとおもうねん。みんなはみなこちゃんがすきやとおもうねん。そやからいうて、なんでもかんでも、みなこちゃんにしんせつにするのは、まちがいやとおもうねん」（184頁）

障害児との共生の中で、子どもたちが「迷惑を受ける」状態から「面倒をみる、みられる」という関係へ、さらにそうした関係を超えていく、いわば「やさしさⅠ」から「やさしさⅡ」へと変わっていく姿が描かれているのである。ちなみに、この話は、灰谷が教師時代に、養護学校に入るのに定員の関係で三か月待たないといけない重い知恵遅れの子（ちあきちゃん）を預かった経験をほぼそのまま小説の中に挿入したものである☆4（98-102頁）。

灰谷については、さらに次のことをつけ加えておきたい[☆4]。教師時代、灰谷は、意味の読みとれない文章を書く小学五年生の笹尾進と手紙帳の交換を始める。彼の書く文章の量はだんだん増えていくが、あるとき、灰谷は「こんなに書けるのだから、もう少し、わかるように書いてこいよ」（95頁）と言ってしまう。

「かれは、いっしゅん信じられないような顔つきになった。口をあんぐりあけ、ぼくを見る。……かれの眼の色が変わった。「いらんわい！」という激しい言葉と同時に、その大学ノートがぼくの顔に投げつけられた。ぼくはどきっとする。しまったと思う。しかし、もう遅い」（95頁）

このときのことを、灰谷は次のように書き記している。

「もう少しわかるように書いてこい――とはなんという冷たい言葉だろうか。（略）このときの笹尾進の心のうちはどのようなものだったろう。（やっぱりお前もか）そういう気持ちだったろう。かれを担任したかつての教師たちのように、ぼくがはじめから無理解な人間として、かれの前に出現していたならば、かれは反抗することによって、魂に深い傷を負うことだけはさけられたかもしれない。かれが白眼をむくのは、かれの意志である。差別者に対するかれの反抗なのだ。かれに対して、闇討ちというもっとも卑劣なことを、ぼくはしたのだ。心をひらかせておいて、後から切りつける……教師がそういうことをしたのだ」（95-96頁）

「心をひらかせておいて、後から切りつける」――教師自身の差別性が偽りの「やさしさ」を生む、という灰谷の指摘である。この指摘は、「自分は優しいんだというふうに思っているかぎり、人間は決して優しくあり得ないというふうにも言えよう。それは人間の傲慢でしかない[☆14]」（106頁）という言葉や「教師たちというのは、一般的には非常に微温的な生活をしているものですから、絶望を通りぬけるというような経験は、あまりない。そういう人たちには、やさしさということは、わからないんです」☆43（59頁）という言葉とともに、「やさしさ」について考えるときに留意すべきものであろう。

3節 『兎の眼』の時代

1 教育文学の可能性

灰谷健次郎は、林竹二との対談で、「私は、灰谷さんが、いまでも教師だという「傲語」を信用していないんです」という林に対して、次のように言う。

「子供にものを教えるという意味での教師なら、たいへん傲慢な話になりますけれども、「子供から学ぶ」という精神を終生、失いたくないという気持ちから、ぼくは教師だと言ってるんですね。（略）それから、教師だということの、もう一つの意味は、ぼくにとって物書きという意識を拒絶するという役割も果たしているみたいですね。文学をやる人間の傲慢、物書き意識の高慢が、どれほど人間を毒するか、（略）（林）先生は「学ぶことは変わることだ」とおっしゃっていられる。そうだとするなら、すべての人間は、共に学び合うという関係のなかで、それぞれが教師でもあり、生徒でもあるんだとぼくは思います。そういう意味で、ぼくは一生、教師でいたいんです」☆44

今江祥智は、『兎の眼』の解説で、「どの作品でも灰谷さんは、どうやら「教育者」の姿勢を崩さないでいるように思える」☆5（329頁）と述べているが、この「教育者」という作家のあり方について、少し違った角度から検討してみたい。

近代の日本文学の中には、教師を主人公にした小説がある。たとえば、夏目漱石『坊っちゃん』、島崎藤村『破戒』、石川啄木『雲は天才である』はいずれも一九〇六（明治三九）年、国木田独歩『酒中日記』は一九〇二（明治三五）年、田山花袋『田舎教師』は一九〇九（明治四二）年に出ている。村井実によれば、これらの作品は、日本に「印刷工場としての強制教育制度」が整ったころに、それに対する反発として出てきたものである。しかも、村井は、これらの文学作品が、「教育について、いかにも手きびしい批判を加えながらも、結局は、いつも逃げ腰であり、要するに逃避的にすぎなかった」と指摘している。「東京の「ばあや」のところへ逃げ帰る坊ちゃん、北海道へ放浪する啄木、酒に溺れて野たれ死にする『酒中日記』の主人公、南米へでも逃げようかという『破戒』の丑松」などは、たしかに、「逃げ腰」というほかない。

「教育は確かにゆがんでいたと私も思います。しかし、文学もまたゆがんでいたのではないでしょうか。学校がゆがんでおり、教育もゆがんでいるのなら、それを善くすることを考えるのが人間にとっての当然の関心だと私は思います。しかし、日本の文学には、ほとんどそういう人間的な関心の積極的な動きが出ていないのです」☆45

村井はさらに、西洋では、教育への同じ不満から、ルソー『エミール』、ペスタロッチー『リーンハルトとゲルトルート』、ゲーテ『ヴィルヘルム・マイスター』など、すぐれた教育文学が生まれた、と指摘する。「現実がゆがめばゆがむだけ、人々はユートピアを夢に描く」☆45のである。

このような視点に立って『兎の眼』（一九七四）に改めて目を向けてみると、日本に今までほとんど現れなかった「教育文学」が、一九七〇年代になってはじめて登場した、という見方もできるのではなかろうか。ただし、誤解のないようにことわっておくが、ここでいう「教育文学」とは、「教育的配慮がなされた作品のことではない。

ちなみに、今日では、映画が「教育文学」と同じ役割を果たしているのかもしれない。たとえば、山田洋次監督の『学校』をその典型的な事例として挙げることができるのではなかろうか。志水宏吉は、「映画『学校』には、一つのユートピア的学校が描かれている」[☆46]と言う。たしかに、この映画に描かれた夜間中学の世界は、ユートピアにちがいないであろう。しかし、ユートピアが無力であるとは必ずしもいえないのではないか。たとえば、五十歳を過ぎて夜間中学で読み書きを学び始めたイノさんを、自分の父親と重ね合わせて映画を見る中学生が、実際にいたのである。一九九四年二月五日、被差別部落を校区に含む中学校の三年生のクラスで、映画『学校』について語り合った授業（道徳の時間）の記録がある[☆47]（なお、当時、この校区の被差別部落には、家にかかってきた電話に出ると、多分子どもだとわかったうえで、「おまはんのとこ、ブラクやろ、そうなんやろ」としつこく聞く大人の声に、動揺と不安を経験する中学生がいた。差別があるかないかといった議論よりも、このようなことをする大人が中学生に不安を与えている事実に目を向けたい。大事なのは、今ここで何が起こっているかを、教師自身がどうつかんでいるかだ）。この授業を担当した森口健司によれば、前日の「三年生を送る会」でこの映画を見終わったとき、何人かの生徒が「先生、今日の映画ほんまに感動した。明日の道徳の時間、今日の映画についてみんなで授業がしたい」と言ってきた。そして翌日、この映画について語り合うことになるのだが、「今日、俺、一番に言わせてくれや」と発言を求めた男生徒がいた。

「みんななあ、字が書けん人が一生懸命字を覚えよるところがあったでえ……。あのイノさんという人となあ、わいの父さんがダブってくるんよ。うちの父さんもあんな感じだったんかなあと思えて、わいたまらんかったんよ。小学校のときなあ、父さんになあ、算数の宿題を教えてくれって、頼んだことがあったんよ。そのときな、父さんな、困った顔したんよ。わい、いっちょもわからんけんって言うたら、一緒にやらんかって言うてくれて一緒に宿題したんよ。時間かかったんよ。ほんま苦労したけど、その宿題できたんよ。そのときな、わいの父さん、勉強、まああいけたんやなあって思って、ごっついうれしかったんよ。でもな、次の日、その宿題学校へ持っていって、みんなで答え合わせしたんよ。そしたらな、みんなまちごうとったんよ……。やっぱり父さん勉強あかんかったんかって思って、なんや辛かったんよ……。でもな、昨日あの映画を見て、あのときの父さんのこと思い出したら、涙が出そうになったよ。わからんのに一生懸命、わいのことを思って教えてくれた気持ちがものすごくわかるんよ。わいなあ、T商業高校へ行きたいんよ。どんなことがあっても合格して、T商業高校で思いっきり頑張って、いつか父さんに、お前のような息子がおってよかったって、思ってくれるような人間になりたいんよ」（236–237頁）

ここには、担任の森口をはじめ、この学校の教師たちが生徒たちとともに築き上げてきた「つながり」（すなわち、1章で見た『人間の壁』の沢田先生が個人の力で努力し、佐藤校長が組織的に取り組んで生み出そうとした「心のつながり」）を基盤にして、「本来その生徒にとって、恥ずかしいことであった父親とのやりとりを、表情豊かに生き生きと語り、その発言をクラスの仲間も笑顔で受け止めているクラスの雰囲気」(235頁)が成り立っている。このクラスの中の教師と生徒、生徒と生徒の間を媒介している映画『学校』は、「つながり」が強まり深まるうえで、一つの大事な役割を果たしたといえるのではなかろうか(序章2参照)。これまで三年の間積み重ねてきたいろいろな媒介の力があることは、いうまでもないが。

なお、映画『学校』には、1章から問題にしてきている、本書のキー・ワードといってもよい「学びの基盤としての人と人のつながり(心と心のつながり)」について、重要な問題提起が見られる。この夜間中学の特徴の一つは、クラスに、年齢がさまざまで、いろいろな人生経験を持つ人たちが集まっていることである。佐藤忠男と山田洋次の対談の中で、佐藤は自分の定時制高校での経験にもとづいて、つぎのように語っている☆48。

「同年齢の人間には競争原理しかない、年齢が違うと、尊敬したり、助けあったり、そしてまた子どもっぽいヤツがいても、その子どもっぽいヤツを見守るような精神もあるし。それがいま(夜間中学のような)例外というかたちでしか維持できないというのは、きわめて残念ですね」(65-66頁)

また、佐藤は、次のように語っている。そこには、二つ目の特徴が指摘されている。

「こんどのあなたの映画『学校』で、私めったに泣かないのに泣いたんですよ(笑)。やはり多少私的な感慨と結びついているかもしれないけど、どんなできない生徒にも表現力があって、その表現力が尊敬されなければいけない、これは「山びこ学校」以来の戦後民主主義の初心であって、それはいまや教育界における例外というかたちでしか残っていない。そして例外を維持するためには、どうい

う努力がなされているかということが具体的にわかって、いい映画でした」(64頁)

これに呼応するように、山田は一人の夜間中学の教師の例を紹介している。

「塚原雄太さんという人は夜間中学の有名な先生だけれども、生徒が何か答えたときに、どんなに間違ってても、絶対違うといってはいけないとよく若い先生に言いますね。とても勇を鼓して発表したのだから、発言したことをまず認めてやれと。ああ、君はそう考えたか、なるほどなと言っておいてから、彼の気持ちをキズつけないように、正しい答えはしかしこっちだというふうにしてやらなければダメだと言っています。そういう学校であれば、みんな気持ちを解放できるんじゃないでしょうかね。そういうことを少年少女たちはものすごく敏感にわかるのではないでしょうか」(70頁)

話を「教育文学」に戻そう。ここでいう「教育文学」とは、「教育の現実」に対する批判のうえに築かれた一つの「教育の世界」を表現した文学である。たしかに、そこに描かれた世界は、ユートピア(想像された理想の世界)という性格を持つことが多いが、しかし、実現不可能な想像上の世界とばかりはいえないのであって、「教育の現実」に対して一つの力を持つことができる実験的に造形された「教育の世界」が描かれることもありうるのである。『兎の眼』は、こうした意味での「教育文学」、とりわけ、読者に対して励ましの力を持つ「教育文学」といってよいのではなかろうか。もちろん、どのような文学作品も、ある種の読者から反発を受けるものである。今江祥智は、『兎の眼』の解説で、「私は『兎の眼』が嫌いです。こんな作品を書いた作者を憎みます」という書き出しの女子学生のレポートを紹介している[☆5](325頁)。本書では残念ながら取り上げないが、今江自身、灰谷の描く「熱くひたすらな教師」とは違って、もっと「おろおろぐずぐずしたり、しどろもどろの教師」

（330頁）を自分の作品（『牧歌』一九八五）に登場させている。この点については、私は、この小説は好きだとか嫌いだとか、あるいは、小説は嫌いだから読まないとか、いろいろな人がいてよいのだと思う。作家の呼びかけに応えるか応えないか、応えるとしたらどう応えるかは、読者の自由だからである。そして、いろいろな作家が、読者の自由へ向けて、いろいろな呼びかけをしたらよいのだともいえよう。しかし、教師あるいは教師になろうとする学生が読むことのできる、すぐれた「教育文学」が生まれないのは、やはり不幸なことである。「教育文学」をそれなりに求める読者の自由を拡大するためにも、「教育文学」が育ってほしい、と私は願う。

2 『兎の眼』に見る教師をめぐる人間関係

『兎の眼』（一九七四）の小谷先生は、どのような人々とかかわりながら、小学校教師としての仕事と自分の生活を成り立たせていたのだろうか。

まず、小谷先生は、医者のひとり娘である。この小説には、実の父母は一回しか出てこないが、「世間知らずのままではいけないと思って、二、三年世間の風にあたらせるつもりで学校に勤めさせた」[☆5]（291頁）というのが、父親の考えだった。彼女は、大学を出て、新採用で小学校に赴任する十日前に結婚した。この条件設定自体、実験的である。小谷先生は学校の子どたちとの「つながり」を深める中で、夫の生き方と自分の生き方の違いに気づくようになっていく。次に、勤務先の小学校の校長、教頭、そして同僚の教師たちが出てくるが、とくに足立先生及びその考えに共鳴する教師たち（小谷先生を含む）と、それに対立する教師たちとに分かれる。それは、たとえば、職員会議における障害児をめぐる意見の違いとしてあらわれる。

さらに、担任するクラスの子どもの保護者たちも、伊藤みな子という障害児を小谷先生が自分のクラスで一時預かったとき、小谷先生を批判してみな子を預かるのをやめるよう要求するグループと、彼女を支援するグループとに分かれる（もっとも、みな子と机を並べた淳一の母のように、初めは息子がみな子に迷惑ばかり受けていると思っていたが、息子とみな子の関係を知って、その考えを変える保護者もいる）。塵芥処理所の移転問題が出てきたとき、保護者の対立はもっと決定的な形になる。だが、処理所が近くにあるため自分たちは被害を受けているという立場だけから移転を要求する人の方が多く、勝一の父（肉屋）や淳一の母のように、処理所の現業員の立場に目を向けようとする人は少なかった。それでも、母親たちの署名活動によって、後者の考えを支持する人が増えていく。

処理所の移転には、処理所の長屋に住む子どもたちの通学問題がからんでいた。処理所をめぐる地域の問題が、子どもの問題と切り離せないものとしてあるため、教師たちは、逃れようのない形でこの問題をつきつけられる。だが、多くの教師たちは、あいまいな態度をとり、足立先生、小谷先生など五人の先生だけが、処理所の子どもたちを守る態度をはっきり表明したのである。この教師たちは、少数者だったが、支持の輪を広げていく。

ところで、小谷先生は、放課後、子どもの家をまわって、いろいろな職業を知る。親の職業が具体的に出てくるのは、この作品の特徴でもあるが、不思議と会社員が出てこない。

「いろいろな職業がある。見聞きしていると小谷先生は自分でやってみたくなるときがある。パン屋でパンをつくらせてもらった。肉屋で肉のさばき方と、上手な肉の買い方を教えてもらった。サルページの仕事など、話をきいているだけでおもしろかった。
夫婦げんかの仲裁をさせられたこともある。そこで人間は同じことでもいろいろな考え方、感じ方をするものだとつくづく思った。いろいろな人のいろいろな話をきいていると、自分の人生がちっぽけなものに思われてならなかった」（113頁）☆5

小谷先生がこのように学校の外の子どもたちとその親たちに目を向けるようになるきっかけは、何といっても、鉄三という子どもとの出会いである。それは、ただ出会ったというにしては、あまりにも衝撃的だった。いきなりカエルを引き裂いて殺した鉄三。まったくものを言わない鉄三。ハエを飼っている鉄三。煙突から出る煙が猛烈で臭気もひどい塵芥処理所で働き、処理所の中のハーモニカ長屋に住む人たち。そこから学校に通ってくる子どもの一人である鉄三。どうして鉄三はハエを飼うようになったのか。フランス料理を小谷先生にご馳走してくれた鉄三の祖父のバクじいさんがどんな人生を生きてきたのか。「ハエ博士」と呼ばれるようになる鉄三の中にはどんな「タカラモノ」が隠されているのか。こういうことを知れば知るほど、小谷先生は処理所の人たちとの「つながり」を深めていく。それは、同時に、夫の生き方との違いに気づき、「わたしのつらいことは、あなたのいってるつらいこととまるっきりちがう」（68頁）と感じざるを得ないような夫婦関係のズレを深めていくことでもあった。そして、「生き方のちがう人間がひとつ屋根にすんでいる、それはたいへんなことだ」（293頁）と考えるところまでいくのである。

処理所の長屋に住む子どもたちは、いつも六年生から一年生まで一緒に遊んでいる。子どもたちには、犬も鳩も同じ仲間である。キチが野犬狩りの吏員に捕まったときは、みんな必死の思いで取り戻そうとする。子どもたちは人なつっこいが、言葉遣いは悪い。初めは言葉遣いの荒さに背中が寒くなる思いをした小谷先生も、子どもたちがキチを助けようとして破った犬の檻の修理代に充てるためくず屋を子どもたちと一緒にやったりして、やがては腹が立つことがあると、腹の中で「すかたん、アンポンタン、アホ、まぬけ、……」と悪態をつきながら、処理所の子どもたちの口の悪さが何となくわかる気持ちにもなる。子どもたちは何か事があると、みんな集まってくる。また、「う」という以外には言葉を発しない鉄三を、仲間は何かと話しかけることで、いたわっている。こうした子どもたちの中に入りこんでいく小谷先生は、処理所以外の多数の子どもたちに目を向けていないという批判にもさらされる。それは、『人間の壁』の尾崎先生が、一人の貧しい子どもにかかりきろうとしたとき、一匹の子羊のために九十九匹の子羊を放っておいてよいのかという批判を受けたのと同じである。

しかし、『二十四の瞳』の大石先生のように、「貧しさ」が生み落とす「さびしさ」の中でつらい思いをかみしめている子どもを前にして、ただ涙を流す以外に術がないという状態にとどまるのではなく、それを乗り越えようとしたのが、沢田先生、尾崎先生であり、小谷先生だった。考えてみると、大石先生と小谷先生は、どちらも二十歳そこそこで、教師になりたてである。大石先生は、戦争と寒村という時代的・環境的な制約があったとはいえ、また戦争というきびしい試練があったとはいえ、あまりに狭い人間関係の世界にいた（夫は船乗りとして広い世界にいたが）。これに対して小谷先生は、校区の塵芥処理所がかかえる問題にいきなり直面させられ、子どもとかかわるかぎり、この問題から逃げるわけにいかない状況に置かれる。彼女は、兎の眼のような「善財童子」と孤独に向き合いながら、「美しくあるために抵抗の精神を」[☆5]（102頁）という身の処し方を選びとっていくのである。もちろん、足立先生やバクじいさんとの「つながり」を忘れることはできないが。

『人間の壁』の尾崎先生は、生き方の違いから夫と離婚し、実の父に象徴される封建的な家族のしがらみから抜け出し、沢田先生との再婚をきっぱり断ち切って、新しい時代の民主的な子どもを育てる願いを強めながら、教職員組合の仕事を引き受ける中で、今の教育をよくするためには組合とともに闘うことが必要であることを自覚していく。これに対して『兎の眼』では、足立先生や小谷先生は、介入してくる教育委員会や支援してくれる教職員組合には距離を置きながら、地域の中で、処理所の人たち（子どもを含めて）とともに、独自の闘いをする。それは、足立先生のハンガーストライキとそれを支援する子どもたちや小谷先生の姿によくあらわれている。それが、母親たちの署名運動につながる。だが、教育観を異にする教師の間の「つながり」という問題は、残されたままである。

さて、今日、教師たちは、自分と対話できる相手として誰を、あるいは何を持っているだろうか。一方では「一本松」や「善財童子」のような「もの」を媒介とする孤独な自己内対話、他方では信頼できる「つながり」を持つ他者との対話ということになるが、それが容易には成り立たない時代を、教師たちは生きざるを得ないのだろうか。少なからぬ教師たちが病み、癒しを求めているが、真面目であればあるほど、自分の病気をあるがままに受け入れることができない。

足立先生は、小谷先生について、次のように語っている。[☆5]

「ちえおくれの人たちのことを障害者とわれわれは呼ぶが、心に悩みをもっているのが人間であるとすれば、われわれとてまた同じ障害者です。小谷先生は、みんなもよく知っている臼井鉄三でさんざん悩んだ、血を吐くような思いで一歩一歩鉄三の心に近づいていった。小谷先生には問題児も、ち

えおくれも、学校の教師もなにもない、みんな悩める人間だったんだ」（180頁）

小谷先生は、クラスを担任したばかりの頃、鉄三にいきなり飛びかかられて悲鳴をあげたとき、「もう先生ではなくなっていた。小谷芙美というただの若い女だった」（11頁）と作者は書いている。沢田先生も尾崎先生も、同じような経験をしている。小谷先生から小谷芙美（ただの若い女）に戻ること、そして一人の悩める人間として出直すこと。今日でも、それ以外にないように思われるが、しかし、時代は大きく展開し、「消費社会化」が急速に進んでいた。

3章 「消費社会化」時代の子どもと教師

1節 消費社会の学校への浸透

1 消費社会化の中の子ども

「やさしさ」の教育思想がくっきりとその姿をあらわした一九七〇年代は、実は、一方では、「工業化」と「学校化」がピークに達し、他方では、「消費社会化」と「情報化」が進展しつつある時期だった。

一九七〇年代は、日本の社会が大きく変動しただけでなく、学校もまた深刻な変化を被らざるをえない時期だった。日本社会の変動としては、たとえば農林漁業者の割合が、六〇年の31%から七〇年の18%、さらに七五年の13%に激減した。こうした産業構造の変化に対応するように、たとえば高校進学率が、六〇年の58%から七〇年の82%、さらに八〇年の94%に激増し、学校化社会の出現をみることとなり、入学試験も一部の子どもの問題ではなく、ほとんどすべての子どもと家族を巻きこむ国民的行事となった。他方、いわゆる青少年非行は、六〇年代までは学校の外の問題だったが、七〇年代以降になると、学校化が進むにつれて、学校内の問題となっていった。さらに、七〇年代以降は学校の外部にきわめて刺激的な情報空間が形成されるとともに、消費者としてふるまう子どもたちの大群がたむろする大衆消費社会が出現し、学校教育との間に種々の矛盾・葛藤を生み出すに至る時期でもあった。

藤田英典によれば[☆1]、一方では学校化社会・入試競争が「現在よりも将来（の進学や仕事）に価値を置く」ように個人に圧力をかけ、他方では消費社会が「現在の生活と活動に価値を置き、現時的な欲求を刺激し、現時充足的な消費活動を拡大する」。両者は矛盾しており、さまざまな葛藤を生まざるをえない。また情報化社会においては、学校が好むと好まざるとにかかわらず一律に押しつけてくる情報とは異なって、子どもが気ままに好きなように選べるさまざまな情報を提供する巨大な情報空間が、学校の外に作り上げられる。こうして「二つの社会生活の編成原理―学校化社会と情報・消費社会―」が拮抗するようになり、この矛盾した状況は、今も続いている。

なお、「学校化」は、学校と外部社会とが明確な境界で区分され、教師の仕事が学校内部での子どもの指導に限定され、その管理・監督の責任が明確になるという「管理社会化」を生んだ[☆2]。この意味では、『人間の壁』の沢田先生や尾崎先生、『兎の眼』の小谷先生がいかに学校の外部にかかわっていたか、そういう観点から、改めて読み直す必要があるといえよう。

学校の外部に大衆消費社会と巨大な情報空間が成立することは、それ以前の子ども社会の消失を意味してもいた。1章で見たように、とりわけ農村では、「小さなおとな」として従事する農作業や家事労働があり、「生徒」としてではなく「子ども」として村の中を駆けめぐって遊ぶ異年齢タテ型仲間集団があった。もちろん、子どもが商品を消費する世界がまったくなかったわけではない。駄菓子屋には、メンコやビー玉が売られていた。私自身、第二次世界大戦後朝鮮から引き揚げてきた頃、遊びの相手もしてくれるお手伝いさんや絵本やレコードに囲まれて育った朝鮮では経験のなかったメンコを駄菓子屋で買い、ゲームでたちまちのうちに負けてしまったとき、年上の子が「こいつは、まだやり方を知らんから、少し返してやれ」と言って、半分返してもらったことがある。こうした子どもの世界は、大人が立ち入ってくることのない子どもだけの空間だった。大人は、野良仕事をしながら、遠くから子どもたちを見守っていた。いたずらで、畑のトマトをとったり、熟した柿をもいだりすると、「コラ!」とどなられたり、つかまってしまって、あとで親が謝りにいくこともあった。だが、年上の子から年下の子へと伝達され再創造される「子ども自身の文化」[☆3]が成り立っていた。私自身、年上の子から、遊び道具の作り方を教えてもらった。小刀は必携品だった。村の共同体という土台のうえで、たしかに、子どもたちは独自の世界を形成していたのである。

しかし、子どもの世界は、商品経済の浸透によって、大きく変わっていくことになる。

「駄菓子屋と貸本屋に象徴される路地裏は、子どもたちのローカルな生活空間であった。おとなの立ち入りをチェックし、子ども独自の世界を構想できる物理的な保障でもあった。そこから子どもたちは追いたてられていったのである」[☆4]

斉藤次郎は、高度経済成長期の一九六〇年代に起こった変化を次のようにとらえている。

「〈現代っ子〉とよばれた六〇年代の子どもたちは、おとなと子どもとの関係に新しい側面を附加した最初の世代でもあった。すなわち商取引の前面に登場した彼らは、企業から顧客として迎えられたのである。企業―顧客という関係図式において子どもが対象化されたのは、六〇年代に入ってからであり、このことはきわめて重要な意味をもつものである。それまで、おとなと子どもの関係といえば保護者―被保護者として考えるのが一般的であった。（略）これに対し企業―顧客という市場をモデルにした関係意識は、一応対等な一対一の関係として子どもをとらえる。三十円払えばチョコレートが食べられるという商取引は、相手の年齢や人格は無視して、ひたすら所持金の有無に関心を集中するため、子どもである特殊性もまた無視されるからである。いわば企業の眼によってはじめて、子どもはやっと一人前に見なされるに至ったのだ」[☆4]

こうして子どもは、企業から、消費者として一人前と見なされる存在であるとともに、消費者としてねらわれる存在にもなる。企業は、子ども市場を開拓していく。テレビのＣＭは、「お金さえ払えば、君が欲しいものは何でも手に入れていいんだよ。君の欲望は、正しいんだよ」というメッセージを送りつづける。

一九七〇年代から八〇年代にかけて、「消費社会化」が進むにつれて、「自分の欲望は正しい」という感覚を身につけた子どもは、親や教師の前で、大人と変わらぬ「個」として自分の欲望を主張する存在を押し出してくるようになる。たとえば、子どもがもらったお年玉は、親だからといって勝手に取り扱うことはできない。それは、子どもに所有権があるからである。お年玉の使い方についても、親の指示を子どもに強制することはできない。お年玉をどう使うかは、そのお金が子どものものである以上、子ども自身が決めることだからである。自分のお金の使い方に介入する親に対しては、たとえ相手が親であろうとも、自分の領分を守らねばならない。自分の欲しいものを自分のお金で買うことは、正義にかなっており、自分がもらったお年玉を親がピンハネするとすれば、それは親の不正である。いずれにしても、正義は自分の側にある。

商品経済の論理からすれば、こういうことになるのであろう。この論理は、お金の問題だけでなく、あらゆる領域に浸透していかざるをえない。「お金」の場合と同じように、「ものの感じ方」や「ものの考え方」も、親が介入して別の感じ方や考え方を強制することはできなくなる。それは、子ども自身に固有に属する事柄だからである。自分は親とは独立した自分であり、親は自分とは別の人なのである。こういう子どもとつきあう親は、子どもを思う方向へ動かそうとすれば、権威に頼ることはできないので、子どもの利害に訴えて子どもをうまく誘導する方法をとらざるをえない。そうは言っても、欲望の充足の方向や私的利益の追求の方向が似ている親子は、大人の持つ倫理を説教したりする親の場合とは違って、まだ案外うまくやっていけるのかもしれない。私利私欲で動きながら、互いに相手を利用できるのであれば、親子は仲よくやれるだろう。

ただ、ここで留意すべきなのは、消費社会における人々の欲望は、たしかに、市場操作によって受動的にもなりうるが、社会的諸条件によって多様でありうるということである。この点については、現代日本の消費社会の分析を参照する必要があるが、別に論じられるべきだろう。

しかし、問題は、消費社会とは違う編成原理を持つ学校の中で、とりわけ教師の前で、子どもはどうなるか、ということであろう。これまでなら「生徒」として産業社会に適応しようとしてきた子どもも、今ではもはや「生徒」に収まりきれなくなっている。産業社会と学校教育の関係については、かつて次のように指摘されていた。

「たとえば学校での毎日の生活を考えてみればよい。授業はすべて、細かく分単位で定められた時間表に従って進められる。教室では全員がきちんと座って、教師の指示に従い、一斉に授業をうける。学校にはさまざまなきまりや規則があり、それを守らなければならない。学習の結果は試験によって評価され、それにもとづいて進級や進学が許される。こうした学校生活のなかで身につけられる規律正しさ、几帳面さ、従順性、勤勉性などが、工場や事務所など、近代化の担い手となる労働や生産の場で必要とされるそれと、同一のものであることは、あらためていうまでもないだろう」[☆5]

しかし、消費社会で育った子どもは、学校で「生徒」にならねばならぬ必然性を見出せない。消費社会では、子どもも教師もお金を払って商品を買う消費者としては何の違いもないのに、学校社会では、教師は成績評価権などを持つ一段高い存在として子どもの前に立つ。これまでは、家庭での予備的社会化（「学校に行ったらちゃんとやるのよ」）や学校の訓練システム（「先生の話を静かに聴く」、「手を上げて発言する」など）[☆6]が有効に働くことによって、教師は「生徒化」された子どもを相手にしてきたが、子どもの方が「生徒」にならないのでは、お手上げである。それとも、学校のサービス・システムが、子どもにとって都合のよいものになれば、「生徒」のありようが変わって、子どもが「生徒」に収まるようになるのであろうか。

2 教育という名のサービス

二〇〇二年五月（子どもの日の直前だったか?）、こんなテレビのCMを見た。鯉のぼりが風に吹かれて上がっている。そのすぐ下に、先生らしい人が鯉のぼりと同じように横になって宙に浮いて、「なんで、おとなの日が、ないんだ!」と叫んでいる。そんな先生の「鯉のぼり」役など見向きもしないで、二人の子どもが庭でカレー・ライスを食べている。その一人に「先生もカレー食べたら」と声をかけられて、先生は「ハーイ」と答えて降りてくる。一度瞬間的に見ただけなので、正確でないかもしれないが、大体このようなものだったと思う。このCMを素材に考えてみよう。

このCMの中の先生は、家庭教師だろうか。そうだとしたら、この先生は、「鯉のぼり」になるといったサービスまでやらされ、子どもに声をかけられてはじめてカレー・ライスにありつけるというのも、わからない話ではない。しかし、この先生は小学校の教師だと仮定した方が、消費社会の話としては面白くなるように思われる。

教科の授業だけでなく、総合的な学習の時間や生徒指導、進路指導、クラブ活動、給食指導、遠足の引率、お店の見学、その他種々の学校行事、校外補導、地域との連携のための諸活動など、いろいろな仕事にかかわる教師は、これからは、子どもの家に出かけていって「鯉のぼり」になるなどという、一種の「在宅サービス」までさせられることになるのだろうか（それとも、これは「子育て支援サービス」の一環か?）。教師の仕事は、本務がどこまでなのかわからないくらい雑用が多く、その中には「鯉のぼり」になるなどという何だかよくわからないサービスも、いろいろあるにちがいない。

もっとも、一般のサラリーマンにしても、ほんとうは似たようなことをやっているのだが、教師の場合は、「教育」という大義名分があるだけ、余計にややこしいともいえよう。それはともかく、このCMの中の先生は、子どもがおとなにサービスをする「おとなの日」を作れ、といって、「鯉のぼり」役までやらされることに不満を表明しているが、それでも、子どもには逆らえないらしい。子どもに声をかけられて、「ハーイ」と実に従順である。

「貧しさ」の時代にも、教師はたくさんの子どもをかかえて、きわめて多忙だった。『人間の壁』がそうした教師の姿を描いていたことは、1章で見た通りである。教師自身、「貧しさ」の中にいながら、種々の家庭的背景を背負って学校にやってくる子どもたちを相手にし、貧しい子どもにも目をかけながら、多様で時間のかかる雑用をこなしていた。これに対して高度消費社会では、教師は、お客様（子どもとその保護者）へのさまざまなサービスを要求されており、教育は、まさしく「サービス業」にほかならないといえよう。だからこそ、教師の研修に、ホテルやデパートでのお客への接し方の実習なども加えられることになる。教師たちが「開かれた学校」を効果あるものにしていくためには、こうした研修こそ必要なのだ、という声もある。

もともと教師は、「全体の奉仕者」（教育基本法第六条）のはずだった。だが、「全体」の意味は不明確なまま、保守・革新のイデオロギー対立の中で、教師は「中立」を守るべき「奉仕者」とされてきた。だが、「中立」の名のもとに、放置される子どもが出てくるという問題が隠されてもいた。1章と2章で見た沢田先生や小谷先生のような教師たちは、貧困や差別の中にいる子どもを中心に、子ども一人ひとりにかかりきるという意味での「献身（devotion）」を重視した（もちろん、それは、第二次世界大戦前に国家が求めた滅私奉公とは異なる）。病人をかかりきりで看病するように、問題を持つ子どもに直接かかわることが大事にされた。それは、『兎の眼』の小谷先生と鉄三との関係にもよく表れている。しかし、多数派からは、一匹の子羊を探すために、九十九匹の子羊を放っておいてよいのか、という疑問がつねに突きつけられていた。ところが今日、教師が「お客様(子どもと保護者)に(教育という名の)サービスをする人」になっているとすれば、高度消費社会においては、教師の役割は大きく変化しようとしているのかもしれない。その場合、かつての「献身」と今日の「サービス」の違いは、どこにあるのだろうか。

林竹二と灰谷健次郎の対談集の中で、灰谷が「ぼくは教師と子どもの関係というのは、一つは献身の関係だといっているのです。いまの教育の荒廃は献身の関係が崩壊したところから出てきている、という感じがあるのですけれども、献身というのは、いわゆる自己犠牲という意味でとられたら困るので、子供と向き合うということです」と言うのに対して、林が「デボーションというのは向き合うこと、かかりきることですね」と応えている。[☆7] 児童詩誌『きりん』(一九六四年七月号)に掲載された「チューインガム一つ」という小学三年生の詩は、灰谷(教師)とその子との「献身」の関係の中から生まれたものだといってよいだろう。[☆8]

このように、「献身」が、身をもって向かい合いかかりきることだとすれば、「サービス」は、少なくとも不快や苦痛や不便を最小にし、できれば満足を生み出す場や媒介物を提供することであろう。なるほど、これほど発展した消費社会の中で、夏の暑い時期の教室にクーラーがなかったり、国の法令で学級定員(四十人)を減らそうとしなかった学校は、「サービス」から一番遠い存在だったといってよい。従来の学校システムや学校文化は、そうした「サービス」を促すようにはできていなかった。「献身」は、集団を大事にするシステムを踏まえたうえで、個としての教師が個としての子どもにかかりきるところに成り立つ。これに対して「サービス」は、教師たちがお客さんとしての個々の子どもや保護者を大事にすることができるようなシステムを必要とする。たとえばスクール・カウンセラーの導入による教師の職務の機能分化も、そうした「サービス」の一環と考えられる。この観点からすれば、不登校児のための在宅学習支援教師のようなものも必要になるかもしれない。もっとも、すでに塾などの方が「サービス」は徹底しているともいえる。福祉が旧来型の行政「サービス」だけでなく、市場型の「サービス」を含みこんでいるように、教育も同じく市場型の「サービス」を展開していくのであろうか。

学校への市場原理の導入については、この「サービス」という視点から見ると、わかりやすい。それぞれの学校がどのような「サービス」をするかによって、「P小学校では、英会話体験学習に力を入れます」のように、その特徴を競い合うのが、たとえば「学校選択制」のめざすところだ、と考えればよいのではないか。そうだとすれば、福祉のあり方が「行政的措置」への利用者の依存から利用者の自己選択による「契約」に変わりつつあるように、学校のあり方も同じように変わろうとしているのだろうか。とにかく、時代は、「献身」から「サービス」へと大きく転換しつつある。「福祉サービス」という言葉がすでにあるように、「教育サービス」が成り立つことになるのだろうか。

日本語の「勉強」には二つの意味がある。かつては、「勉強」（学習）ができる基盤としての（教師と子ども、子どもと子どもの）「つながり」の形成が求められた。『人間の壁』の沢田先生や尾崎先生は、そのために献身的な努力をしていた。『兎の眼』の小谷先生は、もの言わぬ鉄三との間に献身の関係を築こうと懸命になっていた。ところが、最近は、教師たちの方が、お客さん（＝子どもや保護者）のために「勉強」（サービス）しなければならない。教師を助けるボランティアもいろいろ必要になるだろう。旧来の学校システムは、教師が子どもに「勉強」（学習）をさせるために作られたものだったが、これからの学校システムは、すでに消費社会（消費文化）の中で消費者としての地位を確立してしまっている子どもを相手にして、教師がどのような「勉強」（サービス）が必要かをたえず念頭に置いて機敏に行動できるように作られねばならないのであろう。しかも、サービスは公平であることが求められるから、勉強のできない子の補習の場だけでなく、できる子をさらに伸ばす勉強の場が（子どもの方からすれば選択肢として）必要になる。とはいえ、サービスをシステムとして実施するにはお金が要る。国もクーラー代くらいは出すかもしれないが、やはり規制緩和・地方分権によって、学校のサービス・システムのあり方は各地方公共団体に任されるのであろう。その財政力の違いが見えてくるようにも思われるのだが。

冒頭に挙げた小学校の先生の鯉のぼり役といった在宅サービスは、かなり誇張されて滑稽だが、新たにできていくであろう学校のサービス・システムの一環として考えれば、子どもや保護者からすると、満更でもない、ということになるのだろうか。在宅介護サービスと似たものが、教育サービスとして考えられてもおかしくないのかもしれない。だが、これからの学校が、そんなふうに変わるものだろうか。たしかだと思われるのは、商品を売る人がしているのと同じ苦労を教師がするようになるのではないか、ということである。

2節　マンガに見る消費社会の教師像

1　『ハレンチ学園』とは？

一九六八（昭和四三）年の『ハレンチ学園』（永井豪）の登場は、一九七〇〜八〇年代に起こる学校の変化を予見させる象徴的な出来事だった。ＰＴＡの顰蹙（ひんしゅく）を買ったエッチなマンガであるとか、そういうことだけでなく、この作品は、当時起ころうとしていた学校社会の地殻変動を見事に暴いてみせることによって、時代を先取りしたマンガになったと考えられる。もちろん、マンガに描かれているのは「虚構の世界」であるが、むしろフィクションであることによって、かえって学校社会の変化を予言できたのだともいえよう。本節の意図は、『ハレンチ学園』の世界」を分析することによって、一九七〇年代に芽生えた学校の変化の兆しが、当時の「マンガの中の学校」にどのような形で見出されるか、について考察することにある。

文芸の種々のジャンルの中で、描かれる内容が、マンガほど直接的に読者の関心や願望によって左右されるものはないであろう。読者の反響によって、作者や編集者は、マンガの内容を変更したり、連載を打ち切ることさえありうる。長期連載は、読者の関心の高さの反映にほかならない。このような特徴を持つ文芸のジャンルは、ほかにないといってもよいだろう。この点からすれば、多くの子どもの読者を獲得したマンガは、読者である子どもたちが形成するネットワークを通じて、子ども社会に潜在する情緒や情念や願望を反映し、そのことによって、マンガに描かれた学校は、現実の学校の深層を（部分的かもしれないが）開示していると考えられる。マンガの中の「嘘らしい嘘」は、子どもの読者の支持によってマンガ的リアリティを獲得したとき、現実の学校における教師たちの「誠らしい嘘」（偽善）を暴く力を持っているといえるのかもしれない。

『ハレンチ学園』の評価をめぐっては、すでにいろいろな発言が見られるが、それらを紹介することから始めよう。まず、西村繁男は、『少年ジャンプ』の編集者として、この雑誌の発展に貢献した人である。彼は『さらば、わが青春の「少年ジャンプ」』（一九九七）の中で、次のように書いている。

「『ハレンチ学園』の登場は、戦後の漫画史上特筆すべき衝撃的な出来事だった。それまでの漫画は、作者が一方的に感動や笑いを読者に発信してきた。そこにはおとなとなり年長者なりの道徳観なり、倫理観の押しつけが無意識に存在していた。永井豪は、読者の視点、子どもの視点から、おとなの倫理の殻を破ったのである。（略）永井の『ハレンチ学園』によって痛烈に告発されたのは、教師や親の欺瞞性であった。（略）教師といえども人間であり、一皮むけば生徒と対等である。欲望の面では、生徒と真っ正面からぶつかる教師像は、戯画化されているとはいえ、ある意味では人間味あふれるものであった」[☆9]

①大人の道徳観の押しつけではなく、子どもの視点から教師や親の欺瞞性を告発したこと、②欲望という面では、子どもも教師も対等であることを主張したこと、③戯画化されてはいるが、生徒に真っ正面からぶつかる教師像には、人間味があること、などが評価されている。

次に、子ども文化研究で知られる斉藤次郎は、『「少年ジャンプ」の時代』（一九九六）の中で、この漫画が一応「学園漫画」のかたちをとりながら、「学校」という言葉から子どもが思い浮かべるイメージをことごとく打ち破った、と指摘したうえで、次のように言う。

『ハレンチ学園』は、学園漫画というより反学校漫画、教育という構造によって糊塗されたおとなと子どもとの関係の本質を、戯画化をとおして暴露した漫画だった。(略)永井豪は、おとなとして子どもに笑いを提供したのではなかった。子どもの側に立って、学校を笑いものにしたのだった。「良識」あるおとなは、それが我慢ならなかったのだろう。ハダカにかこつけてこれを弾圧しようとしたが、そういう手法こそが、この漫画によって予め無化されていることを知らなかったために、成功することはなかった[☆10]

「学園漫画」には、斉藤によれば、「おとなである先生と子どもたちの集団、両者が向かい合う場としての校舎や校庭」という三つの要素が不可欠であるが、「先生と子どもたちの間で営まれる教育」が四つ目の要素になることはない。子どもにとって学校は、「友だちと出会い、遊ぶサロン」であるから、授業風景などに無駄なページは割かない。この意味では、『ハレンチ学園』は、「学園漫画」の伝統に従っている。しかし、この漫画は、「反学校漫画」であるという点で、「学園漫画」と基本的に性格を異にする、というのが、斉藤の評価である。「反学校」とは、子どもの側に立って学校を笑いものにする、という意味であろう。この評価は、西村と一致する。

馬居政幸は、数少ない大学の研究者としてマンガについて発言してきているが、『なぜ子どもは「少年ジャンプ」が好きなのか』(一九九三)の中で、次のように書いている。

「ハレンチ学園の教師は、異常ではあるが小学生にメタメタにやられる愛すべきキャラクターとして描かれている。あくまで、子どもの内的なエネルギーに対して、学校的世界がもつ意味を象徴的に描こうとしたと考える。もっとも、後に、「デビルマン」をはじめ、SFの世界に自己の才能を開花させる永井氏の才能を考えれば、校内暴力の時代を経て校則によりかろうじて秩序を保とうとした結果、学校自体を拒否する子どもを生み出した八十年代の教育状況を予測するものと言えなくもない。少なくとも、「デビルマン」の結末が終末思想に彩られた崩壊の世界であることを思えば、学校的秩序への疑問視が「ハレンチ学園」の底流にあることは否定できないであろう☆11」

教師が「愛すべきキャラクターとして描かれている」という馬居の指摘は、西村の「人間味あふれる」教師という評価と共通している。それ以上に注目されるのは、①校内暴力に揺れた八〇年代の教育状況を予測するものだったこと、②『ハレンチ学園』の底流には学校的秩序への疑問視があり、しかも、「デビルマン」に見られるのと同じ終末思想があること、の二点であろう。

社会学者の桜井哲夫は、『不良少年』（一九九七）の中で、次のように述べている。

「既存の価値観がゆらぎ、おとなたちの設定してきた枠組みが次々と破壊され始めていたのである。価値観の変動のさなか、子どもむけのメディアだからといって、その影響を受けないはずはなかったのだ。その一つの例が、この年（一九六八年）の夏に連載が始まった永井豪の「ハレンチ学園」（『少年ジャンプ』）だった。女の子のスカートがめくりあがる場面ばかりが印象に残ってしまうマンガであったが、基本は、好色な教師（看守）ヒゲゴジラによる生徒（囚人）支配とそれに対する生徒の反撃という学園闘争ドラマのパロディであったことを忘れてはならないだろう。すでにここに「監獄としての学校」、「看守としての教師」とうテーマが生み出されていたことに注目すべきである。だが、ジャーナリズムや教育界では、小学生の間にはやったスカートめくりなどの表面的な現象（ハレンチ・マンガ）に非難を集めて攻撃することに終始した」☆12

桜井は、一九六〇年代末の学園闘争に見られた既存の価値観の枠組みの崩壊が、子ども向けメディアにも影響を与えた事例として、学園闘争ドラマのパロディとしての『ハレンチ学園』に注目している。そこには、「監獄としての学校」、「看守としての教師」というテーマがあらわれていた、という。ところが、ジャーナリズムや教育界は、女の子のスカートめくりといった表面的な現象だけを取り上げて非難した。この桜井の指摘は、「良識」ある大人たちがハダカにかこつけて子ども向けマンガを弾圧しようとしたが成功しなかったと指摘する斉藤、そして教育関係者やＰＴＡが非難したスカートめくりなどのエッチなことはこのマンガの本質にかかわるものではないと指摘する西村と共通している。

ところで、作者の永井豪自身は、この作品によって、何を意図していたのだろうか。彼は、一九九五年の時点で、次のように語っている。☆13

「当時『ハレンチ学園』は、俗悪まんがとして猛烈な批判にさらされていました。今でいう「有害コミック」だというわけです。しかし、この文庫シリーズ（徳間コミック文庫）をお読みになった方にはご理解いただけると思いますが、たとえ時代性を割り引いたとしても『ハレンチ学園』が性表現というレベルで問題視されるような筋合いの作品ではなかったと、ぼくは思います。問題は「先生」「教師」という存在を子供たちに最も影響のあるまんがの中で〝おとしめた〞ということなのではないでしょうか？」（第3巻376頁）

「ぼく自身が先生というものの欺瞞をずいぶんと見てきました。先生という存在は、当時としては、偉いんだ、偉い職業なんだという固定観念に、先生自身も、世間もそういうふうに見てるという風潮があったのです。確かに良い先生も大勢いましたが、しょうもない先生もいたのです。先生といっても人間なのですから。そういう実体験を「学園まんが」の中に取り入れて描こうという意識は、もちろんありました。また、先生の服装を極端なものに変えることによって人間の欲望をストレートに表現したり、人間の内面をカリカチュアライズできることに気付いたということもありました。これは「まんが」というメディアの持つ特権かもしれません。色々な先生たちのキャラクターを次から次へ並べていくことによってそれぞれの隠し持っている内面的なものが、姿形に表れてくるという面白さに気付いたのです」（第3巻378‐379頁）

永井が述べていることの中でとくに重要なのは、「『教師』という存在を〈おとしめる〉（貶める）」ということである。〈おとしめる〉ということが、マンガの中で具体的にどのようになされているのだろうか。作者は二つの段階を想定しているように思われる。

第一段階では、作者自身が「教師の服装を極端なものに変えて」、「それぞれの（教師の）隠し持っている内面的なもの」（欲望）を姿形に表すことによって、教師存在を貶める。第二段階では、マンガのストーリー展開の中で、教師による成績評価権や懲戒権などの恣意的行使に怒った子どもたちが、授業を崩壊させたり教師をやっつけたり丸裸にしたりすることによって、教師の権威を失墜させる。

このようなマンガが、一九六八年にあらわれたということ自体、今から振り返れば、画期的だったというべきであろう。

2 『ハレンチ学園』の教師たち

同じ欲望を持つ子どもと教師

マンガは、絵と文字から成る。とくに記号や象徴としての絵が何を意味しているかは、きわめて重要である。本来は絵と文字を結びつけた分析が必要であるが、ここでは、ストーリーの各場面の登場人物の言動を事例的に取り上げ、教師と子どもの特徴を浮き彫りにできるようにしたい。

本節で使用するのは、永井豪『ハレンチ学園』全7巻のうち、主人公の子どもたちの小学生時代が描かれる第1部（第1巻〜第3巻）である。その理由は、1章及び2章で取り上げた文芸作品がほとんど小学校を舞台にしていたので、それに対応させる、ということにある。

このマンガのヒーロー山岸八十八（肉屋の息子）は、エッチな少年であるが、ケンカも強い（ガキっぽい）クラスの人気者であり、ガールフレンドで忍者の血をひくグラマーなヒロイン柳生十兵衛（本名みつ子）と組んで、バカ騒ぎを繰り返しながら、制度上与えられている権限を恣意的に使って自分のエッチな欲望や食欲・物欲を満たそうとする教師たちを退治するのに活躍する。一方、教師たち（なぜか男性のみ）は、常軌を逸した服装をし、エッチで物欲が強く、教師の卑しさや欺瞞を体現しながら、子どもたちとのハレンチ合戦を、笑いと怒りの中で楽しんでいる。その中心人物は、ヒゲゴジラ（本名は吉永さゆり）と丸ゴシ（本名は荒木又五郎）である。ヒゲゴジラは、尻尾つきの虎の毛皮を半裸にまとい、パンツをはいていないのでお尻丸出しであり、女ことばを使いながら、凶暴な行為を行う。丸ゴシは、一応上半身は着物をまとっているが、下半身はふんどし代わりに「丸ゴシデパート」提供のエプロンをし、ことあるごとに刀を振りまわす。彼らは、子どもたちを支配して自分たちの卑猥な物欲やエッチな欲望（女の子の裸を見たがりさわりたがる）を満たそうとするが，しばしば子どもたちの反撃によって丸裸にされ，権威を失墜させられるのである。

荒唐無稽な馬鹿騒ぎが展開されるナンセンス・マンガであり，スカートめくりのようなエッチな場面が多いため，雑誌に掲載された当時は，今日的な言葉を使用すれば「有害コミック」として激しい非難を受けたのであるが，上述の人たちの指摘にも見られるように，こうした表面的な現象にとどまらず，より深く分析してみるべき問題が潜んでいるように思われる。

現実の学校を見ると，教師は，学校や教室の秩序を維持するために，いろいろな権限を与えられている。たとえば学級管理権（生徒の出欠を確認する，生徒が授業中勝手に出歩かないようにする），学級編成権（生徒を各クラスに振り分ける），懲戒権（生徒に法的に許される罰を加える），成績評価権（生徒の学業成績や行動を評価する）などは，学校の管理・運営に不可欠とされている。ところが，『ハレンチ学園』の教師たちは，これらの権限をきわめて恣意的に行使する。その場合，権限を恣意的に行使する教師の動機は，自分のエッチな欲望（女の子の裸を見たがりさわりたがる）や食欲・物欲の充足にある。「食欲」の事例を挙げてみよう。

［事例1］（第1巻32−35頁）

五年生の教室で，授業がつまらなくて腹も減ってきた生徒が弁当を食べ始める。

ヒゲゴジラ「まあなんてクラスなの。授業中にお弁当をたべてる子が三人もいるなんて」

「いやだわ，いやだわ。みなさんたってなさい。お弁当はとりあげるわよ」

山岸　　　「冗談じゃねーや。弁当をとりあげることねーだろ」
ヒゲゴジラ「うるさいわね。先生のいうことききけないの」
「まあ、おいしそうなオカズばっかりだわ。おほほ。あんたたちはそこでたってらっしゃい」
「わたちって、タマゴやきがすきなのよ。おほほ。ちょっぴり味見しよっと」
山岸　　　「あーっ、おれの弁当にさわんな、ばかーっ」
イキドマリ「山岸くん、やめろよ。ここであばれたら、宿題だされるぞ」
ヒゲゴジラ「あれーっ、おいちいわー」
「みんなたべちゃいましょ」(略)
「おほほほ、みんなおいしいわ。かあちゃん、またきょうのめし代たすかったわ」

この場面では、教師が「食欲」を満たそうとしているのであるが、このマンガ全体では、むしろ「女の子の裸を見たい」「女の子にさわりたい」といったエッチな欲望を満たそうとする場面の方が多い(今日では、セクシュアル・ハラスメントと呼ばれるが)。しかも、自分に与えられた権限を恣意的に行使して欲望を満たそうとするところに、このマンガに登場する教師たちの特徴がある。というよりも、これは、教師を〈貶める〉ために作者が意図的に行ったフィクショナルな条件設定と考えた方がよいだろう。それは、日常的に発動される教師の権力のありようをよく示している。

これに対して、子どもたちの方はどうなのだろうか。事例1では、子どもたちは、いろいろ文句は言いながら、教師の指示(「たってなさい」)に一応従っており、弁当を取り上げられたことも我慢しているが、このあと、「くそー、ヒゲゴジラめ、くいもののうらみは、おそろしいんだ。」「思い知らせてくれる」（山岸）と言って、反撃に転じる。この点は、もうひとつの例を挙げた方がわかりやすいだろう。たとえば、学級編成が「気に入った生徒を自分のクラスに入れる」というルールで行われることになったとき、力の強い丸ゴシが強引にかわい子ちゃんを全部自分のクラスに入れて、むりやり水着を着させて授業をしようとした。女の子たちは従順に従った。だが、かわい子ちゃんと同じクラスになれなかった山岸たちは、クラス分けそのものには従順に従ったものの、丸ゴシが女の子に水着を着せたと聞いて怒りを爆発させる。「くいけとかわい子ちゃんのうらみ」で教師たちに反撃することになる。こうした反撃は、激しいものであり、多くの場合、教師たちは最後は下半身丸出しにされるといった屈辱を味わわされるのである。教師を丸裸にするとは、教師の権威を無化することである。権威を「尊敬の念を起こさせる力」と定義するならば、教師がこの力を完全に喪失した状態が丸裸なのである。

これまで見てきたことから明らかなように、欲望という点では、教師も子どもも対等である。教師も子ども同じ欲望の持ち主なのである。学校の「生徒」であるかぎりにおいては、子どもが教師の権限行使に従うという面は維持されているのだが、その恣意的な行使が自分たちの欲望の充足を脅かす事態が生まれると、子どもたちは「生徒」の立場に甘んじることをやめて、「くいけとかわい子ちゃんのうらみ」のため、教師に反旗を翻し、メタメタに教師をやっつけるのである。要するに、学校生活の中で、「生徒」であるかぎりにおいては、教師の権限行使（しばしば恣意的）に従っているのであるが、それが自分たちの欲望充足を妨げるとなると、「生徒」であることをやめて教師に反撃を加えるのである。

子どもの欲望という問題については、留意しておくべきことがある。『ハレンチ学園』は少年マンガである。学校には男の子と女の子がいるが、このマンガでは、両者の関係はどうなっているのだろうか。上述の「くいけとかわい子ちゃんのうらみ」であるが、「くいけ」は、男女共通である。しかし、「かわい子ちゃん」は明らかに女の子のことである。ここでいう「かわい子ちゃん」は、男の子の側から見た言い方であって、「かわい子ちゃんと一緒にいたい」から始まって、「女の子の裸を見たい」「女の子にさわりたい」にまでエスカレートしていく男の子の欲望である。このマンガに出てくる学校の日常生活では、スカートめくりのように、男の子と女の子の間のエッチなゲームが展開されるのであるが、他方、男の子の純情や男の子と女の子の間の友情が描かれていることも、たしかである。たとえば、教師を敵として戦うとき、男の子と女の子は友情で協力しあう。教師たちがむりやり女の子たちを裸にしたりしようとするとき、女の子を助けるため、男の子が教師と戦う。逆に、男の子が教師にやられているときは、女の子が加勢をするときもある。

ただし、女性教師の場合はどうなるか、という問題が残る。実際、女の先生を丸裸にするのは、セクハラにはなっても、その先生の権威を失墜させることにはならないだろう。「女の先生の場合は……の巻」（第2巻183-196頁）は、男性教師ばかりのハレンチ学園に新任の女の先生がやってくる話である。彼女はエッチな教師とエッチな子どもに辟易し、ほとんど裸に近い服に着替えさせられたりして、学園を逃げ出してしまう。女の先生が寄りつかないことについて、作者は山岸に「ふしぎだなー」「どうしてかなー?」と言わせているが、子どもも教師もエッチであることを前提条件とする設定となっているかぎり、女性教師の登場は困難であろう。こうして見ると、『ハレンチ学園』は、男性教師を丸裸にして教師の権威を失墜させることには成功しているかもしれないが、女性教師を〈貶める〉やり方を見出せなかったというべきであろう。この作品の限界ではないか。

自己中心的快楽主義者としての教師

『ハレンチ学園』に登場する典型的な教師は、すでに見たように、ヒゲゴジラと丸ゴシであるが、二人の共通点は、教師に与えられた権限を恣意的に行使して食欲・物欲やエッチな欲望をその場をわきまえず満たそうとする点である。両者の相違点を見ると、丸ゴシが教師としてのタテマエを振りかざしながらもホンネ（欲望）を出すという特徴を示すのに対して、ヒゲゴジラはもっとストレートな快楽主義者である。また前者が子沢山の生活苦を感じさせるのに対して、後者は平気でかっぱらいや万引をしたりして欲しいものをすぐ手に入れようとする。つまり、丸ゴシの方は昭和四〇年代にもまだ残る貧しさと結びついた古いタイプであるが、ヒゲゴジラの方は「今が楽しければよい（先のことなど考えない）」という現在志向が強く、しかも、かっぱらいや万引に示されるような犯罪は、その規範感覚の崩れから見て消費社会的である。事例を挙げてみよう。

［事例2］（第1巻84-85頁）

学校行事でスキーに行くことになって、費用も集められ、みんなは山の中のスキー学校にやってくる。だが、ヒゲゴジラは、スキーの練習のために集めたはずのお金で先生方の宴会をやろうと企てていた。彼は生徒たちに「ゲレンデにはいかなーいの。スキーやらないの」「ぜんぶ先生がたの宴会の費用にするのよ」と言う。子どもたちは、だまされたと怒る。

山岸　「なんだって！」

「そんなひどいことして、いいと思ってンのか。おれたちの金だぞ、かえせ！」

「おい、ばらしてもいいのか」

ヒゲゴジラ「こんな山の中で、だれにばらすの。校長もＰＴＡも、わたちのカーちゃんもいないのよ、おっほっほ」

山岸　「学校に帰ってから、ばらしてやる。それでもいいのかっ」

ヒゲゴジラ「さきのことは気にしないたちなの。おほほ、わたちって、その日その日の快楽に生きる男なのね」

［事例３］（第１巻124–125頁）

身体検査の日、それも女子だけの時間を設けておいて、わざと校医に電話で都合が悪くて今日は中止になったと知らせたうえで、自分が校医の代わりに女子の身体検査をしようと企てる。

ヒゲゴジラ「しめしめ、うまくいったわ」

「おかげで、今日一日、楽しく生きられるわ、はははは……」

「おほほ……、わたちって、快楽のためには手段をえらばない男ね」

［事例4］（第1巻223-224頁）

生徒たちを懲らしめるため、刀を振りまわしていた丸ゴシが、斬りつけた女の子の服が破れて裸が見えたのをきっかけに、その態度が変わる。

丸ゴシ 「オッ、なるほど」

「イッヒッヒ、こいつはいいや、おーもしれーっ。もっとやろうっと」

「うおーっ、イッヒッヒ」

女生徒たち「きゃーっ」

「きゃっ」

「やーん」

男子 「レレッ、急に女の子ばっか、おっかけはじめたぞ」

男子 「ふだん、かたそうなこといってるけど、根はエッチなんですね」

以上三つの事例に見られるように、快楽主義者のヒゲゴジラと堅物だが根はエッチな丸ゴシは、多少異なった面を持つが、いかにも卑しくてさもしい教師である点は共通している。

次の事例では、卑しくさもしいところが、戯画化されてよく描かれている。

［事例5］（第1巻186-189頁）

休日、弁当も持たずにハイキングにきて腹を空かせてしまった教師たちは、運よくハイキングにきていた生徒たちが弁当を食べているのを見つける。
丸ゴシ　「おれたちにくらべて、なんたる食料事情のよさだ。クソーッ！」
ヒゲゴジラ「ねー、みんなー、たべものめぐんでもらいましょーよ、オホホホ」
丸ゴシ　「ば、ばかな、生徒にくいものをめぐんでもらうなどと……」
　　「きさま、それでも教師としてのプライドがあるのかーっ！」
ヒゲゴジラ「あーるの！」
丸ゴシ　「ワッハッハッ、そうか、じつはわしも……」
　　「それー、もらいにいけー」
生徒たちのところに近づいていくが、弁当は分けてもらえない。生徒たちの一人が捨てた梅干しのタネが、道を転がって落ちていく。教師たちが、それを追っかける。
ヒゲゴジラ「うめぼしのタネよーっ、われば、中にたべられるとこ、あるわよ。イヒヒヒヒッー！」
教師たち　「わー」
ヒゲゴジラ「あっちにころがったわよー。オホホー」
山岸　「あさましいなーっ。みにくいなーっ」
イキドマリ「あれがぼくたちの先生だと思うとナミダでるです」

このように、子どもの眼から見て、教師は卑しい存在である。作者の設定した条件では、子どもと教師は欲望において対等だが、子どもは「純情」である点で教師とは異なる。だが、ここでは取り扱わない第4巻以降（主人公が中学生になる）では、「純情」は影が薄くなるように思われる。というよりも、「純情」の時代は、小学生で終わると考えた方がよいのであろう。なお、『ハレンチ学園』第4巻以降では、中学生の眼には、教師が同じ地球上の動物と見なすこともできない「宇宙生物」と呼ばれる奇妙な敵と映ずるようになっていることをつけ加えておきたい。

他方、とくにヒゲゴジラには、妙に子どもたちに媚びるところがある。たとえば、子どもたちにメタメタにやっつけられても、けろっとして、包帯をぐるぐる巻きにした顔で、子どもたちに愛想を振りまいたりする。さらに、次のような事例もある。

【事例6】（第1巻214－218頁）

天気のよい日、授業開始の場面である。

ヒゲゴジラ「みなちゃまー。いい陽気ね、おほほほ、おほほほ」

男子　「こう陽気がいいとよー、勉強やる気がしねーなー」

男子　「ホント、ホント。やめちまおうぜ」

男子　「あはは」

ヒゲゴジラ「あら、みなさんもそーなの。わたちもー。おほほほ」

　「やめようかしら」

生徒たち　「えーっ！　ホントかよー！」

ヒゲゴジラ「みなちゃま、おんもをごらんあそばせ。ひっひっ」

「ほらっ」
「サクラの花が満開よー」
山岸「まったく、お花見のムードだぜ。なー、イキドマリ」
イキドマリ「オヤブン、一ぱいやりたくなるですねえ。へへへ」
ヒゲゴジラ「おほほほ、それで、わたち、こんなのよういしたのよ」
男子「あーっ、おサケ」
ヒゲゴジラ「きょうは、授業やめて、宴会といきましょー。おほほーっ」
男子「へー、ヒゲゴジラのやつ、たまにいいことやるじゃねーか」
（略）
ヒゲゴジラ「のんで、のんでー。どんどんのんでー。おほほ」
「たりなくなったら、また酒屋から万引きしてくるわよー。おほほ。ウーイ。ヒック」

自己中心的快楽主義者ヒゲゴジラの性格は、消費社会的といってよいように思われる。授業の場面であるにもかかわらず、彼はそこから逸脱して、脱「生徒」としての子どもたちと宴会を始める。この場面では、彼は教師としての権限を行使して学級の秩序を維持することなど忘れており、それを恣意的に行使しようともしない。ヒゲゴジラは、酒がたりなくなったら万引きしてくるというくらい、「サービス」精神に満ちている。ここで重要なのは、教師が子どもと同じ「快」を求める者となり、子どもよりも一段高い存在などではなくなっているということであろう。教師と子どもが同じ「快」

を求めるとき、両者は一時的にはお友だちになれる。「快」は瞬間瞬間のものだからである。

教師の非行を見習う子どもたち

教育の世界では、子どもは、教師の行為を手本として見習うことによって、よりよく育つことが期待されてきた。だが、『ハレンチ学園』の場合、教師を手本とするということの意味合いが異なっている。簡単にいえば、教師の非行を手本として見習う、というかたちをとるのである。事例を挙げてみよう。

［事例7］（第1巻229-230頁）

休暇中、故郷へ帰るヒゲゴジラは、上野駅で一人のおじいさんに話しかける。

ヒゲゴジラ「おじいちゃん、おひとりでご旅行大変ね。どちらまで？」

おじいさん「わしゃ、東北のほうさ、いくだよ。」

ヒゲゴジラ「まー、わたちとおなじ方向よ。キップ買ったー？」

おじいさん「買った、買った。」

ヒゲゴジラ「ま、わたち、まだよー。どんなキップ、みせてー」

おじいさん「これだべ、あははは」

ヒゲゴジラ「まー、りっぱなキップだこと！」

おじいさん「わっはっは、一等じゃよ、一等……むふふふ」

ヒゲゴジラ「わたち、もらうわね」

おじいさんの頭を金棒でガツンとなぐる。それを、山岸とイキドマリが見ていた。

山岸　「あっ、ひでえや。年寄のキップをうばったぜ」

イキドマリ「さすがに、やりましたね」

山岸　「そうだ！　おれたちも、先生を見習いながら旅行しよう」

　「きっと、ためになるぞ、イヒヒヒ」

イキドマリ「そうですね。きっと、すばらしい旅行のしかたをまなべますね」

山岸　「きみたちー、どこいくの」

イキドマリ「おふたりで、旅行ですか。イヒヒヒヒ」

二人連れを殴り倒して、キップを奪う。

［事例8］（第2巻146-149頁）

修学旅行で飛行機をのっとり北海道に着いた一行は、食い逃げ、かっぱらいなどを繰り返しながら旅行をつづけ、どんどん警察に捕まり、子どもと教師を合わせて八人が残るだけとなる。牧場の留守の家に入り込んで、教師たちが勝手に飲み食いをするが、帰ってきた牧場の持ち主のおじいさんたちに好意的に迎えられ、そこで泊めてもらうことになる。そのときの会話である。

おじいさん　「わっはっは、学校の先生さまがただ食いとはのー」

ヒゲゴジラ　「トホホホ、これというのも、深いわけがありますのよ、フフフフ」

丸ゴシ　「そうじゃ、かわいそうな子どもたちなんだよ、このやろうどもは」
マカロニ先生「こいつら、六年生にもなって、ちっとも善悪の区別がつかん」
ヒゲゴジラ「そうなの。だから、わたちたちは、ただ食いはわるいことよって教えるためにやったの」
　「わかるー、オホホ、ホホ」
おじいさん「わはは、まー、えーわい。どんどんたべれや」

この修学旅行では、教師たちが、かっぱらい、ただ食いの体験学習を指導する形をとっている。ここで注目すべきなのは、学校の授業やほかの行事の中では、恣意的に権限を行使し自分の欲望を満たそうと生徒をいじめていた教師たちが、この修学旅行では、まるで同じ仲間であるかのように子どもと一緒に非行を楽しんでいることである（もっとも、子どもの側は、教師の行為にあさましさを見る眼をこの旅行中も失わないのだが）。それにしても、『ハレンチ学園』の世界では、教師―生徒関係は対立的であるはずなのに、つまり教師と生徒は敵であるはずなのに、子どもと教師が一緒になって非行をするとき、両者の間に一種の仲間意識が成立したような錯覚が生まれるところに、何とも奇妙なアイロニーがある。教師は、ふだんは、恣意的な権限の行使によって子どもと対立し、「くいものとかわい子ちゃんのうらみ」（食欲とエッチな欲望を充足できないうらみ）から子どもの反撃を受けつづけている。ところが、子どもと一緒に体験的に何かをしでかすとき、教師が学ぶことのできる相手として子どもからある種の信頼を得たような一瞬が訪れることもある。それは、相剋的な教師と子どもの関係を乗り越える唯一の機会と言ってもよい。

お金もなく食物もないという状況のもとで、子どもと教師が一緒になって盗みという非行体験をするのは、マンガの世界でのみ可能なことであろう。だが、裏返しの形で、きわめて逆説的に、学習の成立の契機（つまり、学校知ではない、大人自身が生活や仕事の中で獲得した経験が子どもの学びにとって役立つものとなる契機）が、マンガ的に示されているのだろうか。それとも、これは深読みだろうか。消費者は誰でも、お金と引き替えに商品を手に入れることができる。この点では何の違いもない子どもと教師は、現実の学校の中では、一定の権力関係のもとで対峙している。たしかに、『ハレンチ学園』では、教師と子どもの力関係が逆転する場合もあり、山岸が教師を殴り飛ばして、放課後、「今日は、先公を何人やっつけた」などと言いながら帰っていく場面がある。しかし、たとえ、このように力関係が逆転することがあるとしても、教師と生徒が敵であるという関係からは逃れられない。かっぱらい、ただ食いの共同体験（＝共犯関係の成立）は、一瞬、そういうことを忘れる時間を与えてくれるのかもしれない。エッチな欲望にたえずつき動かされる毎日から、この北海道では、生徒も教師も、ひととき離れているような感じである。実際、学校に戻ると、再びエッチな空間の中に子どもも教師も放りこまれ、スカートめくりに目の色を変える日常が続くのである。それが、『ハレンチ学園』の世界なのである。

授業の下手な教師

「学園マンガ」の約束に従って、『ハレンチ学園』でも、授業場面は、ほとんど出てこない。次の事例のような形で出てくるだけである。

［事例9］（第1巻32頁）

ヒゲゴジラ「ですから、こうなるのよ。うふふ」
「わかるわね、わかるわね、わかるわね。おほほほ」

山岸「ちぇっ、なにが、わかるわねだ。ヒゲゴジラめ、へたな授業しやがって」
「まったく、きくにたえねーや」

これは、五年生のときの授業である。教室では、子どもたちは黒板に向かってきちんと座り、机の上に教科書を広げている。子どもはそれなりに教科書に目をやっている。ごく普通の教室風景である。このあと、山岸を含めて三人の生徒が弁当を食べ始める（［事例1］参照）のだが、ほかの生徒がこの授業を「へたな授業」と思っているのかどうかは、マンガの場面を見るだけではよくわからない。だが、次の［事例10］では、かなり様子が違う。

［事例10］（第2巻245–246頁）

ヒゲゴジラ「ねっねっ、わかるわね。だから、この計算は、こうなるの。おほほほ」
「あらっ、ならないわ」

山岸「あ……あ、やんなっちゃうな……。つまんねー授業、いつまでつづける気だろ、ばかめが」

これは、六年生のときの授業である。教室では、子どもたちは一応座っているが、机の上には教科書はもちろんのこと何も置かれていない。どの机の上にも何もないというのは、異様である。よく見ると、寝ている子、後ろを向いて話している子、よそ見をしている子などいろいろである。黒板には「1＋2＋3＋4＋5＝　」という板書があり、ヒゲゴジラが「この計算はこうなるの」「あらっ、ならないわ」と言っている。六年生がこんな単純な計算の授業を受け、教師が計算間違いをしているというのは、まさにアイロニーにほかならない。実は、［事例10］のつづきは、次のようになっている。

［事例11］（第2巻246‐248頁）
山岸　　「よーし、いっちょう、さわぎおこしたるか」
履いていたゲタを持ち、ヒゲゴジラに向けて投げる。
ヒゲゴジラ「どこで計算まちがえたのかしら?」
ゲタがヒゲゴジラの頭にコーンと当たる。
ヒゲゴジラ「ぎゃあーっ！」

こうして授業がつぶれてしまう。まさに授業崩壊である。
上述のように、このマンガでは、「学園マンガ」の約束として授業が棚上げされている、というよりはむしろ、教師のどうしようもなく下手な授業がやり玉に挙げられているのである。とくに、ヒゲゴジラの授業は、五年生のときは、大抵の子どもがまだ真面目に授業を受け、教科書もちゃんと開いているのに、六年生のときは、教科書など机の上にはないし、教師の話もほとんど聞いてはいないのである。この変化は、やはり大きいといわねばならないだろう。おそらく、子どもたちの低学力は、目に余るものがあるにちがいない。

それにしても、六年生がこんな単純な計算問題をやっているというのは、どう考えても、おかしな話である。マンガの話だから、本気にする方が、それこそおかしいのかもしれないが、やはり、いくら何でもひどすぎる。いや、問題は、子どもの方ではなく、教師ヒゲゴジラの方にある。彼は計算間違いをしているのである。この快楽主義者ヒゲゴジラは、ほんとうに教師の資格を持っているのだろうか。私はどうやら、ナンセンス・マンガを相手に一人相撲をとって、とうとう頭がおかしくなったのかもしれない。

すでに見たように、『ハレンチ学園』の教師たちは、かっぱらい、万引き、食い逃げなどの体験学習を通して、子どもが学ぶことのできるものを持っていた。自己中心的な快楽主義者ヒゲゴジラは、算数の授業をする力は持ち合わせていないが、非行では子どもの手本になることができるのである。彼は、今日の情報・消費社会で数々の事件を引き起こしている非行（不良）教師の大先輩である。

3 「不良教師マンガ」の登場

山田浩之によれば[☆14]、一九六〇年代、マンガの中では、熱血教師が活躍していた。彼らは、教育への情熱によって生徒たちの心を開いていくだけでなく、教職を捨てざるをえないような危機に陥っても保身は考えず、生徒たちのために行動しようとする。生徒にとっては、いわば人生の師である。『わんぱく先生』はその典型である。しかし、七〇年代になると、熱血教師はマンガからは姿を消した（テレビ・ドラマでは、その後も熱血教師は登場しつづけるが、これは、かなり幅広い世代にわたるテレビ視聴者層と若年層が中心となるマンガ読者層との違いを反映している、と山田は解釈する）。七〇年代は管理主義教育が浸透していく時期であるが、マンガの中では、そうした教育が奪っていく「人間臭さ」を持った教師が人気を博した。だが、六〇年代の熱血教師が持っていたような理想的人間像は失われた。『ゆうひが丘の総理大臣』などに代表される。

八〇年代に入ると、マンガの中の教師像は、さらに大きく変化する。教師が不良になるのである。たとえば『コンポラ先生』では、主人公の教師は、元不良が更生して教師になる。彼は、元不良であるという立場から、問題行動を起こす生徒の心を開いていく。ところが、八〇年代終わり以降になると、元不良ではなく、やくざのような不良そのものが教師として生徒の前に立つようになる。『はいすくーる仁義』や『女郎』などでは、自己中心的な不良教師が登場する。彼らは、いろんな事件にまきこまれて、自分の身を守るために行動する。行動を共にした生徒を救ったり生徒に心を開くこともあるが、積極的に生徒のことを思いやり生徒を救うために行動することはない。六〇年代の熱血教師が持っていた教育への情熱は、自己中心的な行動にとって代わられて消え失せてしまったのである。

山田は、今日の現実の子どもにとっての教師のありようについて、つぎのように指摘している。

「実際の学校で教師がどんなに子供たちのことを理解し、友人のような関係を築きたいと考えても、それを子供たちは拒絶してしまう。教師と生徒は対立する集団であり、学校という空間の中では、教師がどんなに努力しても、その体にまとわりついた権威をぬぐい去ることはできない。そのことを子供たちは感じている。

しかしそれとは裏腹に、現実の子供たちは、教師と密接な関係を結び、彼らが抱えている問題から救い出してくれることを求めている」（36－37頁）

「子供たちは、教師に干渉されたくない、押しつけられたくない、まして自分たちが抱えている問題などのぞき見られたくはない、と考える。しかし、それでも彼らは教師によって問題が解決されることを望む。まさにマンガのように、無関心だった教師が突然現れて彼らを救い出してくれることを願っているのだ」（37頁）

今日の日本の子どもたちの深層の現実をこのようにとらえることができるかどうかについては、もっと議論が必要かもしれない。子どもたちの「言葉」化できない感覚や情念をつかみとる方法の問題もある。マンガは、文字（言葉）に結びついた絵が重要な役割を果たしているメディアである。しかし、山田が指摘するように、このような子どもたちの屈折した心理が、現代の「不良教師マンガ」に反映されていることは、間違いないように思われる。

ところで、不良教師の大先輩ヒゲゴジラについて、作者の永井豪は「ハレンチ外伝1・ヒゲゴジラ伝の巻」（第7巻）の中で、その生い立ちを描いている。それによると、ヒゲゴジラは、昭和十六年十二月八日（日本軍が真珠湾を攻撃した日）、人里遠く離れた山奥で、放浪の民ゴジラ族の子として生まれた。ママゴジラは、男の子なのに女優にしたくて「吉永さゆり」と名づけた。彼は男なのに、女性らしく育っていく。ところが、ゴジラ族のメチャクチャに男っぽい女の子たちに、彼は丸裸にされるなど徹底的にいじめぬかれる。「ヒゲゴジラの心はふか～く傷つき、全世界の女の子に対しふか

～いウラミをだいた」☆13（第7巻159頁）のである。小学校に入学し、長い道のりを歩いて通うのだが、今度は、町の連中にいじめられ、さらにクラスの中でもいじめられる。その後、紆余曲折があって（少年院にも入ったりして）、女の子をいじめる仕事として教師という職業を見つけたのである。

ヒゲゴジラはマンガという文芸作品の中の人物である。マンガの中で、彼はセクハラもわいせつも殺人もできる。だが、彼の後輩といってよいような教師の自己中心的な犯罪が、今日では、「現実」のことがらとして起こっている。一例をあげれば、二〇〇一年七月に起こった中国自動車道少女死亡事件では、同僚から「気が小さく、真面目な性格」「女子生徒の扱いが苦手」といった評価を受け「女子生徒をどう扱ったらいいかわからない」「自分の気持ちが生徒に伝わらない」といった悩みを同僚に打ち明けていたといわれる休職中の中学校教師（男性、当時三十四歳）が、援助交際の相手の女子中学生をビデオなどを積み込んだワゴン車に乗せ手錠をかけてホテルに向かう途中、彼女が手錠を外して飛び降りたのを放置して死亡させた。二〇〇二年三月、神戸地裁の判決で、裁判長は、「犯行は卑劣で自己中心的」と述べたが、同時に、援助交際をする少女の側の落ち度も認めた。この中学校教師は、これまでどんな「教育の物語」の中を生きてきたのだろうか。その「物語」は、どこにどんな綻びができ、どんな裂け目ができていたのだろうか。それについては、推測することもできない。たしかなことは、情報・消費社会に起こりうるこの種の犯罪に教師も加わるようになったことである。これも、脱「教師」の一つのありようだろうか。

終章 〈つながり〉のゆくえ

1 「貧しさ」の時代の教師と子ども

本書のキー・ワードの一つは、「つながり」であった。「人と人のつながり」とか「心と心のつながり」とか、そういう言葉を使ってきたが、その中身は必ずしも明瞭になっていたわけではない。『人間の壁』では、この言葉は、次のように使われていた。☆1

「各学級の受持教師と生徒との関係は、学校経営を担当する校長の考えだけできめられた、機械的な組み合わせであったかも知れない。しかしその機械的な組み合わせの中から、教師だけしか知らない愛情がうまれ、生徒だけしか知らないあこがれが育っている。そういう心のつながりが、物を学ぶ子供たちの、何よりも大切な精神の基盤であった。それが無くては小学校教育は実を結ばない、いわば草木の芽を育てる日光のようなものであった」（上巻156－157）

ここでは、担任教師と生徒との「心のつながり」が、「物を学ぶ子供たちの、何よりも大切な精神の基盤」としてとらえられている。さらに次の文章は、盲腸で入院した尾崎先生が、学級の子どもたちが先生の病気を心配して書いた作文を読んで涙を流したときのものである。
「薄給の教師たちが、貧しい下積みの生活に耐えながらも、どうしても教室をはなれられない、その事の秘密はこういう事であった。心と心とのつながり、信頼……この温かさは他の職業では得られないものだった。小学校の教師と生徒との関係は、他人ではない。時としては、父よりもなお父であり、母よりももっと母である。そういう感情の交流があって初めて、初等教育は成り立つのだ」（下巻246頁）
こうした「つながり」を支えるものとして、教師の「願い、祈り」があり、教師の努力の結果としての「報われた」気持ちがあることに注目したい。具体的な事例を挙げてみよう。
沢田先生は、体罰事件でみずから身を引くことになったとき、内村義一をいじめた三人の子どもについて、尾崎先生に次のように言う。
「だれが理解してくれなくても、僕のクラスの子供たちは知っています。僕に叱られた子供たちが、ちゃんとわかってくれています。与田は学校へ来ないのでわかりませんが、山岸文男、奥田彦市、この二人はすっかり変わりました。内村という足の悪い子供を、まるで弟のようにいたわっている。それを見ると僕は涙が出ます。
多分あの二人は、僕に叱られたことを、一生憶えているでしょう。事あるごとに思い出しては、自分をいましめてくれるだろうと思うんです。僕はその事によって報われます」（中巻289-290頁）
また、公立小学校を辞職したのち私立小学校に移った沢田先生は、尾崎先生と再会したとき、次のように語る。

「……僕は三人の子供をなぐったけれど、なぐった時の僕の気持ちは、親が子供をなぐるときと、違ってはいなかったと思うんです。これは弁解です。弁解だけれども、教師としての願い、祈り、……そういうものがなかったら、子供をなぐれるものじゃありませんよ。

あなたのクラスで、（略）海岸の洞穴に住んでいた子供、……ああいう子供に対するあなたの態度というものは、一つの祈りだったろうと思うんです」（下巻135頁）

先ほどもふれたが、盲腸で入院したとき、子どもたちが書いてくれた作文、とりわけ金山明夫（家出したとき、先生が暗い夜道を海岸の洞穴まで探しに行った子ども）の作文を読んで涙を流した尾崎先生は、作者によって次のように描かれている。

「（……ぼくが死にそうになったとき、先生はぼくを助けてくれました。だからこんどはぼくが先生をたすけてあげたいと思います。だけど、ぼくはどうしていいかわかりません。おかねがないからなにもできません。先生、ゆるして下さい）

最後の一行を読み終わったとき、彼女の目から涙があふれ出てほおをつたった。（ゆるして下さい）という一語にこめられているこの子の複雑な気持は、尾崎ふみ子だけにしかわからない、二人のあいだの秘密だった。感謝であり、愛情であり、自責の心であり、いら立たしさである。彼女の涙は充たされた心の感動であった。この少年の誠実な気持から自然にながれ出たひとことが、彼女の胸のなかを温かい感動で一ぱいにしたのだった。少年が家出した夜、海岸の洞穴まで探しに行った苦労も、夏休暇のころに夜間授業をして学習を進めてやろうとした努力も、いまは完全に報われた気持だった」（下巻246頁）

しかしながら、尾崎先生は、「報われた」気持ちどころか、「無力感」におそわれることも多かった。卒業式の前日、母に家出されて弟と二人だけ残された吉原まつ子を見舞った先生は、背を向けたまま弟にマンガを読みつづけるまつ子と一言も言葉を交わすことができなかった。

「彼女はあの子供たちから押しのけられ、追い出されたような気持ちだった。教師であるところの彼女が、その指導力を完全にうしなって、どうすることもできなかったのだ」（上巻37頁）

またこんな話もあった。母親が歓楽街で居酒屋を営んでいる西内三枝子には、勉強ができる環境はまったくない。母親は尾崎先生に「三枝子が中学でもすんだら、雇い人はやめて、あの子に手伝ってもらいますから、そうしたら少しは楽になるかと思っていますけど、……」（下巻358頁）と言う。母親は三枝子が早く義務教育を終えるのを待っているのだ。この子にとって、義務教育とは何なのだろうか。『人間の壁』の教師たちが感じていたのは、「貧しさ」を前にしての「無力感」であって、「報われた」気持ちになることはきわめて少なかったと言わねばならない。

以上の事例から見ると、「貧しさ」の時代を特徴づけているのは、基本的には、教師の側の「無力感」であろう。『二十四の瞳』の大石先生は、「貧しさ」が生み落とす子どもの「さびしさ」を前にして、ただ涙を流すほかに術がなかった。沢田先生や尾崎先生は、子どもへの「願い、祈り」を実現すべく努力し、「報われた」思いをすることもあったが、やはり「無力感」を振り払うことはできなかった。

ところで、「貧しさ」の時代の教師—子ども関係は、一般的には、「贈与」の関係ということになるのであろう。それは、教師が子どもに贈与を行い、子どもの側にはお返しの義務感（負い目）がつきまとう、――そういう関係である。『二十四の瞳』の松江（母親が亡くなって学校に行けなくなった女の子）は、大石先生からもらった「ユリの花のべんとう箱」を卒業後もずっと大事に持っていた。もちろん、「贈与」は物の形をとらなくてもよい。子どもを気にかけてやることが、その子どもに「負い目」を感じさせるのが、「贈与」の関係だった。どこの学校でも、厳粛な儀式である卒業式では、子どもたちは「仰げば尊し、我が師の恩」とうたっていた。そこには、家父長制的な教師―子ども関係も広く見られた。世間もそれを支持していた。そうした中にあって、沢田先生や尾崎先生は、「願い、祈り」を実現する努力を惜しまず、その結果が「報われた」気持ちをもたらすことがあるとしても、あらかじめそうした見返りを求めていたわけではない。それは、無償の「贈与」だった。沢田先生が自分の方から子どもにかけていった「おはよう」の声も、そうだったにちがいない。その声ににっこり笑って応える子どもの声も、決して義務感による返礼ではなかったであろう。だが、そうした関係も、教師たちが当時の社会から付与されていた制度的権威によって支えられていた。

今日から見れば、戦後教育は、「明日は正しい民主的な社会が実現する」といった「願い、祈り」を基盤にしていたが、その基盤は「つながり」を広げていくにはあまりにも弱く、幻想を生むほかなかった。しかし、沢田先生や尾崎先生が、「貧しさ」と「さびしさ」を抱えこんだ子どもや差別に傷ついた子どもに対して、結果がどうなるかわからないところへみずから身を投げ出す投企を行っていたことを見落としてはならないであろう。足の悪い内村義一に、自分のことを作文に書いてそれを教室で読むようにすすめた沢田先生は、その「訴え」がどんな結果を生むかわからないのに、あえてそこに内村と自分自身を投げ入れるという身の処し方をしたのである。その結果から沢田先生が得たものは、政治や社会に対する無力感と孤独だったのだが。

2 「やさしさ」の時代の教師と子ども

「やさしさ」の時代を代表する『兎の眼』には、小谷先生と鉄三の関係に典型的に示されたような「献身」の関係があらわれていた。「献身」とは、教師が子どもに「向き合うこと、かかりきること」であった。だが、学校の「効率化」と「管理社会化」の中で、そういう方向に同調しようとする多数派教師に包囲されて、現実には、「献身」の関係を生み出そうとした教師は少数だったのではないか。「甘え」の風土のうえに「疑似やさしさ」が広がる中で、「やさしさ」の教育思想は少数者のものにとどまったように思われる。というよりも、「やさしさ」という言葉があいまいなままに飛び交い、「やさしさ」の教育思想は雲散してしまった。「やさしさ」という言葉の持つ多義性をプラスの方向に活用することができなかった、といった方がよいだろうか。

とはいえ、「やさしさ」の教育思想は、「つながり」について、いろいろなことを教えてくれていたように思われる。その一つは、「死者とのつながり」である。『兎の眼』の中には、足立先生のこんな言葉が出てくる。それは、宮沢賢治の作品の中に見出されるテーマに似ている。

「いまの人はみんな人間の命を食べて生きている。戦争で死んだ人の命をたべて生きている。戦争に反対して殺された人の命をたべて生きている。平気で命を食べている人がいる。苦しそうに命をたべている人もいる」☆2（316頁）

「つながり」について、もう一つの事柄に眼を向けてみよう。それは、小谷先生が放課後子どもたちの家に出かけていき、それぞれ違った職業を持つ親たちから、パンの焼き方や肉のさばき方などを教えてもらう、――そういう地域の人々との間に生まれた「つながり」である。とりわけ鉄三の祖父バクじいさんとの出会いは、小谷先生に大きな影響を与えた。「管理社会化」は、地域に対して閉じた学校をつくり上げていったが、『兎の眼』の小谷先生や足立先生はそれとは逆の方向を志向していた。しかし、たとえばバクじいさんが学校の中に入ってきて、子どもたちにフランス料理の作り方を教えるといった機会はなかった。この点で注目されるのは、林竹二が学校に入りこんで、子どもたちを相手に〈授業〉を行ったことである。それは、子どもたちからみれば、通常の学校空間からはみだした「変なおじさん」[☆3]の来訪であったが、閉じた学校を「開く」一つの試みでもあった。今日から見ると、学校教員が日常的業務として行う「授業」に対して、そういう「授業」に反省作用を及ぼしうるような学校教員以外の人の〈授業〉を対置した意義は、決して小さいものではなかった。

しかしながら、林があれほどまでに強調した「存在の根底にある頼りなさ」と「（権力者である）教師との関係」から出てくる「子どもの不安」[☆4]が顧みられることはなく、子どもたちはとりわけ一九八〇年代の「管理社会化」の中で窒息させられていく。たとえば新しい民俗学を構築してきた赤坂憲雄は、『排除の現象学』（一九九一）の中で、偏食をなおすということで給食を全部食べることを子どもに強要し、それができない子が悪い子としていじめの標的とされていくような学校について、次のように言う。

「学校はきわめて閉鎖的な、あえていえば社会から隔離された秩序空間である。学校という制度あるいは教育そのものが、強迫性をその本質としているが、学校のいまをすっぽり覆い尽くした強迫性の緊縛衣は、学校のそとにあるわたしたちの想像をはるかに越える力で子供たちを呪縛している[☆5]」

また文化人類学者の山口昌男は、『学校という舞台』（一九八八）の中で、次のように述べている。

「排他性、純粋性という名のもとに、教師にすべてを任せて、ほかの人間を入らせないようにする学校のしくみにも問題があります。たとえば、定年退職した人でも、学校に行って、いろいろ協力したいと思っている人間はたくさんいると思うのです。定年退職した人でも、大学の先生でも、子供たちとコミュニケーションしたいという人もいると思うのです。ところが管理社会のなかではそれが許されないようになっています。そうすると、管理されている子供たちが、自分たちで自律的（オートノマス）な空間をつくろうとする。ほかの社会だったら、お祭りで実現されるものが、お祭りがだんだん形骸化しているような社会では、じめじめした負の祭りに転化されていってしまい、いじめが再生産されていく[☆6]」

「やさしさ」の時代は、こうして「管理社会化」の波に呑み込まれ、言葉としての「やさしさ」たちだけが、さまざまな光を放ちながら、社会の現実にぶつかって乱反射しつづけた時代だったのかもしれない。だが、そうした「やさしさ」たちを過去のものとして葬り去るのではなく、今一度見直してみると、そこに泉が見つけられるように私には思われる。

3 「消費社会化」時代の子どもと教師

散髪屋さんは、お客さんの気に入る髪型をつくり上げるとともに、散髪の椅子に座っている間は不快感を少なくし、お客さんがさっぱりした気分（快）を持てるように配慮しなければならない。個別的なサービスというよりも、どのお客さんにもそうしたサービスが可能なシステムが必要になる。髪を切るだけでよいというお客さんには短い時間に安価で散髪する、もっぱらそういうやり方で回転をよくする散髪屋さんも出てくる。お客さんは好みに応じて散髪屋さんを選べばよい。この点では、大人も子どもも変わりはない。子どもも好みに応じた髪型その他のサービスを求めることができる。同じサービス業として、学校の教師たちは、学校間のサービス競争を進めるため、散髪屋さんとお客さんのこのような「つながり」に学ぶ時代がきているのかもしれない。

今日、福祉の分野でも、市場型サービスが広がりつつある。それは、行政的措置によるサービスから利用者との契約によるサービスの提供へという方向をとることになろう。だが、義務教育も同じ方向を志向してよいのか、疑問が残る。義務教育は、従来、教育の機会均等の原則に立って条件整備をはかりながら、子どもを市民社会へ向けて準備するため、共通基礎教育を行うことによって、子どもを小中学校で「生徒」として処遇し、共通の基礎学力、職業生活の基礎として共通に必要な能力、市民生活をしていくうえで共通に必要な能力などを身につけさせることをめざしてきた。小中学校の「生徒」としての子どもは、パーソナルな関係でつながる学級を基盤にして、各教科などを通じて個人の恣意や気分や都合を超えたインパーソナルな存在（社会や自然という超個人的存在）について学び、学級の集団生活や学校行事などを通じて同じくインパーソナルな（個人の恣意や気分や都合を超えた）市民社会のルールを学ぶものと見なされてきた。教師は、生徒に“teaching”と“training”を通じて働きかけることによって、子どもを社会化（＝文明化）しなければならず、しかも、生徒としての子どもが読み書きや算数を身につけようとすれば、多少なりとも苦労を伴わないわけにはいかない。エミール・デュルケームも言うように、「文明というものは、子どもの天真爛漫な生活の上に必ずや幾分なりとも暗い影を投ずることになるのである」[☆7]。公教育の「公」は、このような意味を内包していたのではなかろうか。もっとも、これは近代教育の一つのありようであって、「公」のありようについては、異なった考え方がありうる。それは、別に論じられねばならない。

ところが、「消費社会」の子どもは、こうした学校の「生徒」という地位と役割を甘んじて受け入れることをしなくなった。「生徒」であることには苦労が伴うが、「生徒」を降りれば自分の「快」を自由に求めることができる。「プロ教師の会」代表として社会的発言を続けてきた高校教師の諏訪哲二は、「農業社会」「産業社会」「消費社会」という三つのレベルに分けたうえで、「消費社会」期の子どもについて次のように指摘する[☆8]。

「「消費社会」期の子どもたちは、おそらく幼い頃から「消費主体」として自立を迫られてきた。商品経済やメディアが欲望の充足を正義とするメッセージを送りつづけている。（略）「消費社会」期の子どもたちは、「自己」の意識すなわち「自己」の欲望に従順である。「自己」を対象化する視座を架構できない。（略）「消費社会的な子ども」は、「自己」がすべてになってしまった。「自己」を取りまく「外部」がなくなってしまった。いつも「自己」だけが基準であり、「まわり」は自己意識の反映なのである。「自己」に見える世界がすべてだと思っている」（88頁）

「かくして、「消費社会」期の日本の子どもたちは早期に共同体から独立したのである。親を一個の自分と同じひととして遇し、おとなを自分と同じ欲望を持つ対等な存在と考え、教師が世の中を代表する啓蒙者であることを認めなくなった」（120–121頁）

もう一人、小学校教師として現場から発言している永山彦三郎の指摘を見ておこう[☆9]。

「七十年代が不良の時代で八十年代がツッパリの時代だとすれば九十年代以降はヤンキーの時代である」（99頁）

「僕が思い描くヤンキーは、もちろん不良っぽい悪いこともするけれど、でもひとりひとりはいい子なんだけど、といった注釈がつくような、あるいはツッパリほど社会や体制にまさにつっぱっていない、そんな立派な不良としての哲学も持っていない、どちらかといえば自分の半径五メートル以内の幸せだけを、他の迷惑を顧みず考える若者、という感じがしている。または大人の社会の価値観とはまったく相容れない自分たちだけの価値観ですべてを推し量る、そうした若者ともいえる。そしてそれは刹那と同義だ」（97－98頁）

永山によれば、ヤンキーになるのは、中高校生の年代であり、底辺校または高校中退の子が多く、小学校時代から悪かったかといえば、けっしてそうではなく、いい子も多かった。しかも、こういう子は、今、地方に増えているという。

ところで、今日の教師―子ども関係においても、古いタイプの「贈与」の関係が完全に消えたわけではない。「農業社会」的な教師は、今でもそういう関係を望んでいるのであろう。しかし、かつては尾崎先生と金山明夫の間に見られたような、教師の贈与に対して子どもの方が負い目（返礼の義務感）を感じたような関係が、今日では、子どもが余計なお世話と感じるような、すれちがいの関係になっているように思われる。教師の側に「子どものためにやっているのに」という真面目な気持ちが強いほど、このすれちがいは、「報われない」という気持ちどころか、「徒労感」を生み出しているのではなかろうか。この「徒労感」は、かつての「貧しさ」の時代の「無力感」よりもずっと虚しさと疲れにつながっているにちがいない。だが、教師は、散髪屋さんにパッと変身するというわけにもいかないであろう。諏訪は、教師のありようについて次のように述べている。

「だいたい教師になる人間は、どちらかというと真面目で秩序好きである。真面目は「産業社会」にも適応するが、秩序はどちらかというと「農業社会」的なものである。若い教師も「農業社会」的要素をたくさん持っている。つまり教師になる人たちは、世代的に若くても「農業社会」的な気風を持っている人が多い」☆8（86頁）

3章で見たように、『ハレンチ学園』が教えてくれたことは、同じ欲望を持つ教師と子どもは、その欲望の充足を妨げられたとき、敵として対立せざるをえないが、「快」は瞬間瞬間のものだから、ある瞬間には、たとえば北海道への修学旅行でかっぱらいやただ食いを一緒にうまくやったとき、教師が子どもの手本になる、ということである。つまり、教師が教師であるかどうかは、子どもが瞬間瞬間にそう認めるかどうかにかかっているのである。このような時代に、教師が教師でありつづけることは、きわめてむずかしいのである。かといって、教師がヒゲゴジラになってしまうわけにはいかない。もっとも、教師と子どもの制度上の「つながり」を教師の方から「切る」、つまり、教師をやめるという道もありうる。すり切れて消えていく教師の存在を黙視することはできないとしても。

教師でありつづけようとする教師の次のような話がある。『みすゞさんへの手紙』（一九九八）は、全国から応募した千人あまりの人々の金子みすゞへの手紙の中から、矢崎節夫が選んだ七十編を収録したものである。この中に、小学校教師（女性、四十六歳）が書いた手紙がある。彼女は、ある研究会が終わったあと、前の職場（小学校）の友人といっしょにコーヒーを飲みながら、みすゞの詩について話し合う。

〈かあさん知らぬ／草の子を、／なん千万の／草の子を、／土はひとりで／育てます。／草があおあお／しげったら、／土はかくれて／しまうのに〉


「うん、読んだ。そこでそうきかれる思た」

「わたしら土なんやね」

「わたしもそう思う。同じこと思たんやね」

「子どもは草の子やから、手足のばして動くのよね。じっとできへんのよね」

「そう、わたしら、足もとにいつもあった土なんよ。今まで気ぃつかんかったわ」

「ここ、読んでみて」

〈こっつん　こっつん／ぶたれる土は／よいはたけになって／よい麦生むよ。／／朝からばんまで／ふまれる土は／よいみちになって／車を通すよ。／／ぶたれぬ土は／ふまれぬ土は／いらない土か。／／いえいえそれは／名のない草の／おやどをするよ〉

「そうよ、ぶたれるはず、ふまれるはずよ」

「土なんだもの、ぶたれて、ふまれて始まるのよね」

私たちは、うなづきあっていましたよ。

私たちに向けられる批判に、疎ましさを感じ、やりにくくなったと嘆くこともありました。ぶたれない、ふまれないのがいいけれど、〈おやど〉をする土ばかりでも困ります。

みすゞさん、ありがとう。セーフでした。あなたのおかげです。あなたの詩に出会わなかったら、嫌な教師になってしまうところだったのかもしれません」[☆10]

もう若いとはいえない二人の教師は、教師である自分たちを「ぶたれる土、ふまれる土」に重ね合わせている。一人の童謡詩人を媒介にした教師たちの「つながり」を、ここにもそれなりに見出すことができる。だが、自分（＝教師）を「土」と同一視できるのは、やはり「農業社会」的な教師なのかもしれない。教師が「消費社会」的な子どもを相手にして「土」でありつづけるためには、教師自身による「土」（教師）と「草」（子ども）の関係についての冷静な反省（省察）が必要であろう。そして、「土」（教師）をぶったりふんだりする人々に向けて、「土」と「草」の関係が今どうなっているのかを（学校の外の人々に学校内に入ってもらって）冷静に訴え、その「訴え」に耳を傾けて一緒に考えようとする人々との「つながり」を広げ深めていく必要があるだろう。そのような「教師の実践記録」を本書で取り上げることができなかったのが残念である。

最後につけ加えておきたいのだが、教師もまた今あるような「消費社会」を生きている。見田宗介は、原義としての〈消費〉（＝生の充溢と歓喜の直接的な享受）と転義としての「消費」（＝商品の購買による消費）とを区別し、前者を核とする〈消費社会〉への転回の可能性を理論的に検討している。[☆11]今、「消費社会」（＝商品の大衆消費社会）を生きている教師も、みずからの経験を反省的にとらえ直しながら、こうした展望を切り拓く試みに加わる必要があるのではないか。

たとえば「朝の大気の中を歩くこと、陽光や風に身体をさらすこと」[☆11]から得られる単純な歓びは、ヒゲゴジラもスカートめくりに興じる子どもたちも共通に享受しうるものではなかろうか。そこに、「今のような学校であっても、可能なことはある」という希望の泉を、私は見出したいと思う。

4　子どもが大人になるということ

作家の大江健三郎が、『「自分の木」の下で』（二〇〇一）という子ども向けの本の中で、次のように語っている[☆12]。

「子供の時の私は、自分が大人になったらば、いまの自分とはすっかりちがった人間になるだろう、と思っていたんです。子供の私から見て、大人はみんな、いかにも大人らしく、子供とはちがう人間に見えたものですから。しかし、私はいま大人になって、しかも、もう老人といっていい年齢になっています。（略）そのいま、はっきりわかることはですね、なにより大人と子供は続いている、つながっている、ということなんです」（108-110頁）

これだけでは、わかりにくいかもしれないので、ある新聞記事の中の大江の言葉を引用しよう。

「小さいときは、文化人類学のイニシエーション（通過儀礼）のように、ある扉を開ければ大人になると信じていた。しかし、そんな扉はなかった。僕たちの切れ目のない生活、一つの文化の中で生きて死んでいく生活には、イニシエーションがない。子どもをもち続けて成長し、死ぬのだとわかったのです。子どもの時に知っていたことは今も知り、感じていたことは今も感じている。子どもの中

にすべてはあり、最後までそれから逃れられない」☆13

これに対して宗教学者の中沢新一は、教育学者の佐藤学との対談の中で、次のように反論している。☆14

中沢　大江さんは、イニシエーションなんて人間には必要ないんじゃないか、大人なんていっても子どものままであって、それが次に生まれた子どもを抱えてずうっと一緒にいる、それでいいんだ、と言っている。これ、結局はいまの日本の家庭ですね。日本の家庭の人は内心忸怩たるものがあるわけです。いつまでも子どもは親の家を出ていかないし、親はいつまでも子どもっぽいし。ところが、大江さんがああ言うと、読む人はホッと胸をなでおろします。そうして出来上がった「それでいいんだよ」「これでいいのか」という悪循環が、何かとても気持ちの悪いものをつくり上げているとぼくは思う。こういう考えを一つの思想として出したときに、何かとても変な免罪符を日本社会に流布させているのではないかと思います。

佐藤　その気持ち悪さと同時に、なぜあんなに受けるのか、よくわかります。

中沢　でも、やはり人間は、大人になるべきです。そんなに簡単に「大人になる」ということを放棄すべきではない。最後まで追求すべき価値あるものが「大人」というもののなかにはあると思います。

佐藤　だから、まさにイニシエーション（成人式）を失ったことが、いまの子どもと若者の不幸なんですね。

中沢　大江さんは、そんなものはもういらないとおっしゃるのですが。

佐藤　そういうことでしょうが、イニシエーションの喪失は深刻です。

佐藤は、他の人との対談の中で、次のように語っている。

「思春期の問題ってあるでしょう。幼虫が蝶に変わるときには、さなぎのなかで身体全体が一回どろどろになって再構成されるそうですね。だからさなぎで囲われてるんだという話を聞いて、なるほどと思った。人間も、さなぎで囲まれる時期に何か起こるような仕掛けをつくらないと、イニシエーションに失敗してしまうと思う。ここにどういうイニシエーションをもち込むことができるか。一種の、宗教を超えたようなものを作為的につくっていかないと、自然に生まれるものではない☆14」

なお、大江と中沢・佐藤の間には、多少文脈上のズレがあるようにも思われるので、大江の見解に少し補足を加えておこう。彼は最初の引用文のあと、次のように語っている☆12。

「基本的には、つまりたいていの人にとっては、子供の時から老人になるまで、自分のなかの「人間」はつながっている、続いている、と考えていいと思います。そしてそれは、自分ひとりのなかの「人間」が、日本人の、そして人類の全体の歴史につながっている、ということですね。（略）そしてこれは、未来についていうと、皆さんが大人になった時の自分と、いまあなたのなかにある「人間」が続いている、ということです。そしてさらに、未来の日本人、人類につながっているということです」（110-111頁）

大江の方は、子どもに向けて、「大人のときと子どものときの自分のなかの「人間」はつながっている（その意味ではイニシエーションはない）。その「人間」は日本人や人類全体の歴史とつながっている」と語り、自分の中の「人間」が歴史とつながっていることの自覚の重要さを強調している。

ところが、中沢の方は、イニシエーションが必要ないという考えを大江が一つの思想として出すときに、いつまでも自立できない子どもをかかえ込んでいる家庭が多い今日の日本社会に何か変な免罪符が流布されることを問題にしているのである。

社会学者の上野千鶴子は、哲学者中村雄二郎との往復書簡『〈人間〉を超えて』（一九八九）の中で[☆15]、「大人になるための死と再生のイニシエーションをまともに経験することなく、大人になっていく若者がたくさんいます（こういう若者たちは、〈古典近代〉的な意味での大人にはなっていない）」（131頁）と指摘したうえで、次のように述べている。

「「子ども」から「大人」への移行の課題を果たしたまじめなオトナほど、その後、「老人」への移行の課題を果たすときに苦痛を覚えるらしいと気づいた……。オトナコドモはそのまま、なしくずしにだらしなくコドモオトナに移行していき、そのまま断絶なく子どもっぽい老人へと軟着陸しそうな気がします。となれば、まともにオトナにならないこと、が、人生八十年時代を多型倒錯しながら延命する理想的なモデルになるという「逆転勝利！」だって、ありえないわけではありません」（132頁）

上野には、さらに次のような言葉がある。

「私は、ほんとうに今年で四十歳になります。（略）私がショックを受けたのは、私が四十歳になるという事実よりも、私の変わらなさの方でした。私が年齢にふさわしい存在になっていないという事実でした。となると、私も「年相応」という神話にとらわれて、年齢に応じて変わらなければならないという強迫観念を持っていたのでしょうか。事実、私のアタマの中はまるで二十代のままです。ことによると十代のままかもしれません。もちろん経験のおかげで、少しは耐えること、受け容れるこ

とを学びましたけれど」(194頁)

これに対して中村の方は、「この上野理論はたいへん冴えていて、なかなか説得力がある」と評価しながらも、「ただ、翻って考えてみると、オトナコドモからコドモオトナへというコースは、……昔から芸人、芸術家、はみ出し学者など自由業者や半自由業者の大半が通ってきたコースではないだろうか」(144頁)と述べている。他方、彼は、思春期については佐藤学と同じことを指摘し、また別のところで、現代の若者は象徴的な死と再生を通して脱皮していく儀礼としてのイニシエーションを経験するのがむずかしくなったと認めたうえで、そこから「〈永遠の少年〉症候群」や「ヤクザっぽい〈暴走族〉」があらわれることに注目している☆16。

このように長々とした引用をあえて行ったのは、今日の子どもの状況をめぐって、もっとも重要な問題の一つがここに示されていると私には思われるからである。ただ、すでに指摘したように、ここに登場する人たちの発言には、文脈上のズレがあるので、十分注意しなければならない。たとえば、中沢は「大江さんは、イニシエーションなんて必要ない、と言っている」というが、大江は「イニシエーションはない」と言っているのではないだろうか。また上野が指摘しているように、「大人になる」というとき、その「大人」の意味の変化に目を向けることも必要だと思われる(その場合、中村の「昔から芸人、芸術家、はみ出し学者など」の例示の指摘は面白い。すぐれた研究業績を挙げている学者の日常生活での子どもっぽさなどは、枚挙に暇がない)。さらに、個人がイニシエーションを経験するかしないかというレベルと、そういう経験を生み出す(あるいは生み出さない)社会の深層で何が起こっているかというレベルとでは、語られ方が違ってくることにも留意すべきであろう。

それにしても、大人になるにはイニシエーションが必要だと考える人は、今日でも少なくないように思われる。とりわけ、思春期の芋虫から蝶への変身に際してイニシエーションが必要だと主張する人が多い。しかし、芋虫のときに傷つけられる子どもは多く、しかも、その傷は一生消えずに続くことに目を向けるべきなのではなかろうか。とくに1章・2章で見た文学作品に出てくる子どもたち（とりわけ小学生たち）は、心身に傷を負った芋虫たちであった。家庭で傷ついた子どもたちとどうかかわるか。家庭の問題にどこまで入りこむべきか。一匹の子羊（芋虫）のために、九十九匹の子羊（芋虫）を犠牲にしてよいのか。そこに、教師たちの悩みがあった。だが、その芋虫たちが消費者として大人と変わらぬ欲望の主体を獲得した事実に目を向けざるをえなくなったのが、消費社会の成立であり、3章ではこの問題が取り上げられた。

ところで、その3章で取り上げた『ハレンチ学園』には、「親殺し」のテーマがきわめて興味深い形で示されている[☆17]。二つの事例がある。まず、教師ヒゲゴジラの母親殺しである。休暇中、故郷のゴジラ谷に帰ったヒゲゴジラは、大喜びして興奮した母親に抱きつかれ、頭にかぶりつかれガリガリ噛まれて、「ギャオー、興奮すんなって！」と叫んで、母親を投げつけ足蹴りにして殺してしまう。そして「あーん、おかあさまー」「なぜ、なぜ、おなくなりになったの～」と泣き崩れる。そのあと彼は、母親の葬式をかねてゴジラ祭りを盛大にやるため、近くのキャンプ場を襲って「かわい子ちゃん」をさらってきて、いけにえにすることを思いつく。ゴジラ族の人たちは大喜びで準備を始める（第1巻238－240頁）何ともあっけない殺し方だが、「親殺し」にはちがいない。3章で見たように、ヒゲゴジラは、男の子なのに女の子として育てられ、男っぽい女の子に徹底的にいじめられ、全世界の女の子に深い恨みをいだいた。もっとも、この恨みが母親に向けられたわけではないだろう。だが、母親への恨みはなかったとしても、昔は強い女だったにちがいない母親をこのように殺すことによって、強くなった二十七歳のヒゲゴジラが母親を乗り越えたことは、たしかであろう。

もう一つは、主人公の男の子（山岸）が両親をそれと知らずに殺してしまう話である。『ハレンチ学園』の第一部は、ハレンチ大戦争による学園の消滅をもって終わるのだが、この戦争中、肉店を営んでいる山岸の両親は、戦死した人間の肉を豚肉に混ぜて売って儲けようと企み、戦場に赴く（第3巻242–244頁）。戦場で戦っている山岸は、死体を集めている両親をそれと知らずに撃ち殺してしまう（第3巻254–259頁）。戦闘休止の合間に、山岸は豚肉に人間の肉を混ぜて売れば儲かって親孝行ができると思いつき、死体を拾いに行き、「これがとうちゃんに似たブタ」「これがかあちゃんに似たブタ」と言いながら、死体を集める（第3巻264–265頁）。親を親と知らずに殺してしまってアッケラカンとしているところに、何ともいえない奇妙な「終末の感覚」が漂っている。

ヒゲゴジラは、芋虫時代に傷つけられ恨みをいだかされたが、そうした恨みをはらすため、女の子をいじめる職業として教師を選び、さらに母親よりも強い存在であることを無意識のうちにも誇示するため、「親殺し」の経験を必要としたのではなかろうか。これに対して、知らないうちに「親殺し」をしてしまった小学六年生の山岸は、本書では取り上げなかった第2部で、肉店をみずから切り盛りし、お客さんから親のことをたずねられて、「えー、どこへいっちまいやがったんでしょうね」「おれがね、ハレンチ戦争からかえってくると、いね～んだよ」「よわっちまうよね～。最近の親は無責任で……。」（第4巻6–7頁）と答えている。その後、山岸の親のことは全く出てこないところを見ると、どうやら親というものは、いなくなっても、どうということもない存在、というよりも、時期がくれば非存在として扱っても一向に構わない存在となるのだろうか。こんなふうに親がいなくなってくれれば、子どもは実にさばさばした気分で親不在の中を生きていくことができるだろう。ただ、山岸は肉店を営む自立の力を持っていた。たとえばフリーターが親のすねをかじらずにやっていけるなら、「親なんていない方がすっきりするね」というところだろうか。今日、実際にはパラサイト・シングルが多い。だが、彼ら・彼女らはこのような形の「親殺し」の物語を生きているのかもしれない。しかも、山岸の場合に見られるように、こうした物語の中では、学校はかかわりがなく、教師不在であることも注目されよう。

「親殺し」についてもう少し考えてみたいのだが、文学作品としては、一九七五～六年に朝日新聞に連載された井上ひさしの『偽原始人』が、今日的問題に示唆を与えてくれるように思われる[☆18]。この小説は、小学五年生の主人公東大君など三人の子どもたちが、教育方針に反対する親たちに吊しあげられてガス自殺をはかり記憶を失った遠藤容子先生（四年生のときの担任）の仇討をするため、母親や校長などの暗殺リストを作る話から始まる。母親、家庭教師、学習塾経営者などを相手にした「いくさ」は、この子たちの知恵の出し合いによるいたずらによって、実に愉快なものとなっている。だが、彼らは、中学受験へ向けて勉強を強いる母親たちの力になかなか打ち勝つことができず、暗殺を実行に移す力はない。家出をして学習塾をつぶす計画を立てているとき知り合ったその学習塾経営者の息子と組んで、彼らはその息子を誘拐する事件をでっちあげるが、ばれてしまう。追っかけられて駅に逃げてホームへのぼる階段めがけて走り出そうとしたとき、東大君は、「東大ちゃん！」「東大ちゃん、行っちゃだめ!」という母親の叫び声に、ズック靴の底が床にぴたっと張りついて、両足が動かなくなる。

「どこへ行こうが母親はついてくるんだというおそろしい事実を、ぼくはおかあさんの叫び声で知ったのだ。糸の切れた凧は、うまく風に乗ることができれば、どんなに遠いところへでも飛んでいける。でも、おかあさんがいるかぎり、ぼくたちにはそれができない。それをおかあさんの金切声からさとったんだ。おかあさんがぼくたちを縛っている糸はとても丈夫で、おかあさんを殺そうが、どんなに遠くへ逃げて行こうが、決して切れやしないのだ」(423頁)

結局、子どもは母親を乗り越えることができない。親を親と知らずに殺した山岸の場合とは、ずいぶん違うと言わねばならない。

しかし、それにしても、『偽原始人』の中で多彩に展開されるいたずらは、「子ども性」がどういうものであるかをよく示してくれているのではないだろうか。「子ども性」は、一面では、弱さ、無力さ、未熟さ、頼りなさなどとして現れるが、しかし、他面では、いたずら、道化、ほら吹き、猥雑さ、誇張、大仰さなどといった特質としてとらえられる。仮に前者を「子ども性Ⅰ」、後者を「子ども性Ⅱ」と呼ぶことにしよう。「子ども性Ⅰ」によって、大人―子ども関係、とくに親子関係は保護ー被保護関係となるのだが、今日の消費社会では、一方では企業―顧客の関係という点では子どもは大人と対等になりながらも、他方では子どもは親への依存の関係をますます強め長引かせている。これに対して、「子ども性Ⅱ」が大人になってどうなるのかについては、あいまいになっているように思われる。「子ども性Ⅱ」の要素は、日常の生活世界の秩序を超える力を持っており、「宇宙(コスモス)

の子」はしばしば「社会の子」からはみ出す。しかし、『偽原始人』の子どもたちは、「おかあさんがぼくたちを縛っている糸はとても丈夫で」あるため、「母親殺し」の実現などはとてもかなわず、「子ども性Ⅱ」が押しつぶされそうになっていく。

私が『偽原始人』を読んで興味深かったのは、自殺未遂で病気になった四年生のときの担任の容子先生が、しばしば東大君たちの心の中に思い出され、また実際にその病気の姿を現すのであるが、これに対して五年生の今の担任の先生はまったく登場しないことであった。名前も出てこない。まったくの非存在である。いたずらの計画を立てるのに頭をひねる東大君たちが思い出す容子先生は、真の知能が何であるかを教えてくれた人である。『アフリカのウガンダの少年ハンター』の話は先生のおはこだった。

「先生は大学四年の夏休みに、アルバイトで貯めたお金をはたいて、アフリカのウガンダというところへ行ってきたんですけどね、（略）野象や野牛や黒サイがたくさんいるんです。それでね、そこの子どもたちは世の中のことはなにひとつ知りません。でも（略）ウガンダの高原の少年たちは仲間と協力しあって、槍で野象や野牛をしとめることができるのよ。どこかの草原に、あなたたちとウガンダ高原の少年たちが、取りのこされるとするでしょ。そのときあなたたちの頭の中には中学受験用の知識しかつまっていない。ウガンダ高原の少年たちの頭の中には、仲間とどうすれば協力し合うことができるか、どうすれば生きて行くことができるか、という智恵がいっぱいつまっている。（略）大切なのは真の知能。にせものの知能なんかどぶのなかにポイしちゃいなさいよ」（85-86頁）

容子先生は、「国語の教科書に民話がのっていたりすると、どこかから民話集を探し出してきて、四つも五つもいい声で読んで聞かせてくれた。ときにはそのうちの一つを先生を総大将に劇にして上演したりした」（56頁）。先生は「宿題を出さない主義を通した。いくら宿題をだしてもわからない子はわからない、それより放課後に三十分だけ、みんなでわからないところを勉強しましょう、これが容子先生の考え方だったのだ」（55頁）。容子先生は「いつもきびきびしていた。そしていつもにこにこしていた。やさしかった。よくいっしょに遊んでくれた」（82頁）。夏休みに海辺学校で容子先生といっしょにやった実験（海水をとろとろ煮てそれを筆につけて字を書いた紙をたき火であぶる）は、自分たちのいたずらに役立った（187–188頁）。「心得ていながらすべる雪の道」は容子先生のおはこだった。容子先生は「理科の実験、たとえばフナの解剖かなんかに失敗すると、ちょっと首をすくめて、この俳句のようなものをよくつぶやいていたものだ」（134頁）。東大君たちの社会科自由研究『噂の時速』は、たとえば「校長先生の奥さんは四十五歳になるけど、来年の春、おめでたなんだってさ」といった噂を流してどこまでどのくらいの早さでつたわるかを調べたものだった。容子先生は「おもしろい研究ね。でも、こういう噂をひろめるのは校長先生にわるいですよ」といってくれたが、校長先生はしばらくかんかんになって怒っていた（50頁）。このように、容子先生は「子ども性Ⅱ」がわかる人だった。

こんな容子先生を吊しあげて自殺に追いこんだ鬼婆どもを、少年たちは乗り越えることができなかった。「おかあさんがぼくたちを縛っている糸はとても丈夫で、おかあさんを殺そうが、どんなに遠くへ逃げて行こうが、決して切れやしないんだ」（423頁）

容子先生のようにつぶされて病んだり身を引いたりする教師は、今日、現実にも増えているように思われる。子どもが大人になるということについて、学校はその仕掛けとなる「物語」をつくる力を持っているのだろうか。一方には、「大人」の条件として「子ども性Ⅰ」を乗り越えることを求める考え方がある。他方には、「子ども性Ⅱ」を持ち続ける「大人」を求める考え方がある。そこに形づくられる「教育の物語」は、異なったものとなるであろう。教師たちは、どのような「教育の物語」を生きることになるのだろうか。

あとがき

本書の刊行は、日本子ども社会学会長の深谷昌志先生の強いお勧めによって実現された。以前から、このようなものを書いてみたいという思いはあったが、こんな形で具体化することができて、一番びっくりしているのは、私自身であろう。その内容については、後述するように、いろいろ不備もある。だが、何とかそれなりにまとめあげたことを、私自身は喜んでいる。このような機会を与えていただいた深谷先生に厚くお礼を申し上げたい。

一応のまとめをしてみて、今反省しているのは、私自身がまだよく噛み砕いて消化しきれず、つまみ食いではとても間に合わず、引用するのを見送った文芸作品が結構私の本棚に並んでいるだけでなく、私がまだ見つけることができずにいる作品もたくさんあるにちがいない、ということである。門外漢の悲しさというべきだが、私としては、このような問題を考える領域に目を向ける人が増えてほしいという思いで、恥も外聞もなく書いてしまった、というのが正直な気持ちである。

新しい領域を探ろうとするとき、必ず議論になるのは、研究方法の問題であろう。この点については、序章を読んでいただければ、私のかかえている問題点がよく示されている。「文芸と教師論の交流」を研究の中核におこうとしながら、実は私自身の都合から、「教師の実践記録」を部分的に資料として利用しようとしたりしている。ここには、たしかに、あいまいさがある。私の中には、一方では、「文芸作品」と「教育文学」と「教師の実践記録」とを結びつけようという意図、他方では、教師と子どもをつなぐ媒介としての「文学の言葉」（情報を伝達する言葉ではない）の重要性に注目しようという意図があり、これらがまだ十分整理されないまま放り込まれているのである。

これまで、私は教育社会学を専攻し、いわば教育の「現実」を分析することが大事だと思い込んできた。しかし、教育はある種の「物語」のうえに成り立たされていることに目を向ける必要性をだんだん感じるようになってきた。私たちはただ「現実」の中を生きているのではなく、その「現実」を単彩または多彩に色づける「物語」の中を生きているのではないか。そうした「物語」に綻びができ、裂け目ができたとき、私たちは変動期の「現実」があらわになっていることにようやく気づき、途方に暮れるのではないか。こういうとき、「物語」を編み直す作業は容易ではないが、これまでの「物語」を見直すことはできるのではないか。たとえば、戦後教育とは何だったのか、という問題を持ち出せば、少なくとも、私が本書で見直したかぎりでは、子どもを「『訴え』を持つ存在」としてとらえ、子ども自身が自分の力で訴えていくことができるよう励まし支援していくという「人権教育の物語」が紡がれていたことは、たしかである。だが、ある時期までは気づかれなかった「複合差別の現実」があらわにされたり、「訴え」と自己利益の主張との区別がつかなくなったりすると、戦後の単純な「人権教育の物語」に綻びができ、裂け目が隠しようもなくできてくるのである。

今日、中教審を中心に「生きる力」「心の教育」などのキー・ワードで紡がれている「教育の物語」は、「学力の現実」や「子どもの現実」によって揺り動かされている。だが、「現実」をいくら分析しても、新しい「物語」は生まれない。それにしても、「生きる力」や「心の教育」に、「物語」としての魅力が感じられないと思うのは、私だけだろうか。

こういう時代だからこそ、一つの表現された世界である文芸作品の中に描かれた子どもや教師のありようを見ることを通して、「文芸と教師論の交流」を行うことが必要なのだ、と主張するのは、独断的すぎるだろうか。他方、教師が教師として登場する文学作品はもはや不可能かもしれない、という予感もあるのだが。

本書の中でも書いたことだが、たとえば、研究者がいわゆる「科学的」と称する調査研究によって実証的に明らかにする「子どもの実態」と、マンガによって表現される「子どもの世界」とは、どちらがよりよく「子どもの深層の現実」をとらえているだろうか。マンガというメディアによってしか把握できない「世界」もまたありうるのではなかろうか。マンガがわからない世代に属する私としては、若い世代の人たちがそういう研究をぜひとも発展させてほしいと願っているのである。

「教師論」といえば、教職の理念について論じたり、教職の現実を分析したり、教職の制度を比較したりする「教職論」の方が、それが「教職概論」や「教職入門」という名で大学の教職科目に加えられるようになった今日では、本流、すなわち「中心」をなすものというべきであろう。しかし、本書は、そうした「中心」よりも「周縁」に位置するような「教師論」を、文芸作品から「教師と子どもの関係」を見るという視点に立って展開している。「教職概論」や「教職入門」をひからびたものにしないためにも、こうした試みもあってよいのではないかと私は思うのである。

私は、終章の4で、「子どもが大人になるということ」について考えようとした。それが今日もっとも重要な問題の一つであると確信するからである。しかし、結論といえるものを提出することはできなかった。たとえば、イニシエーションが必要なのかどうか、私にはよくわからないのである。私事になるが、この六十五年間を振り返るとき、イニシエーションなどはなかったと思う。一九三七年生まれの私は、植民地朝鮮で比較的恵まれた消費生活の中で育ち、敗戦後引き揚げて栄養失調、いじめ、母の病死、父子家庭、軽い非行化などによって、傷ついた芋虫時代を過ごした。思春期（さなぎの時期）への入口では、父の再婚、継母との養子縁組による改姓と重なった。私の内面での継母（養母）への反抗は激しく、たとえば試験の答案をはじめ氏名を書くときは、原田という姓ではなく、旧姓を記しつづけた。「お前は原田だろう？」と私を辛抱強く見守る担任の先生は何度も指摘したが、私はますます意固地になった。今顧みると、私は象徴的な意味での「母親殺し」ができなかった、という思いが強い。実母は早々とこの世から姿を消し、養母は長い間私のうえにのしかかった。七年近く前に養母が死去したとき、重い肩の荷をやっと降ろしてほっとした感じだった。養母の方は、人に向かって「あの子は、やさしくしてくれる」と言ってきたようだった。それは、あくまで私の内面の闘いだった。そういう私にとって、『ハレンチ学園』の中の山岸の「親殺し」（親を親と知らずに殺してしまい、アッケラカンとしている）は、実は非常にうらやましいのである。そして、山岸のような「親殺し」は、消費社会にふさわしいものに思われるのである。離婚による家庭解体や（養）父母と子の間に生まれる児童虐待などが増えていくとすれば、「親はいなくても、どうってことないよ」といったアッケラカンとした「親殺し」は、彼ら・彼女らにとって、一番よいものなのではなかろうか。問題は、教師がこのことにどうかかわるかであるが、おそらく大したかかわりは生まれないのかもしれない。かつて「貧しさ」の時代に、教師たちが一匹の子羊（芋虫）を前にして、「家庭の問題にどこまでかかわるべきなのか」と悩んだ。しかし、これからは、それは教師がかかわる問題ではなくなっていくだろう。だが、誰がどのようにかかわるのか、改めて考えてみる必要がある。こうした私の仮説（福祉の問題ともからめて）をきちんと展開できるところまで進まなかったのは、ほんとうに残念である。

こんな歌が、二〇〇二年十月から十二月にかけて、『朝日歌壇』（朝日新聞）に掲載されていた。

私語やまぬなかに叫びて授業することにも慣れて子らとへだたる
四十人の母らと面談せしのちに吾子の担任の面談受けにゆく
幾度も「教師になっておらねば」とさびしく自問して今日がある

「子らとへだたる」思いを強くする教師が、さらに増えていくのだろうか。また、他人の子を相手にする教師にとって、自分の子を相手にしてくれる教師とは、一体、何者なのだろうか。そこに、どんな「つながり」が見出されるのだろうか。さらに、「教師になっておらねば」と孤独に自問してきた教師は、少なくないように思われる。

最後になったが、本書の執筆に際し励ましの言葉をいただいた片岡徳雄先生（日本子ども社会学会初代会長）に謝意を表したい。また北大路書房の田中美由紀さんと関一明さんには大変ご面倒をおかけした。心からお礼を申し上げたい。

二〇〇三年五月　　　　原田　彰

☆6　カミングス，W.／友田泰正（訳）　1981　ニッポンの学校―観察してわかったその優秀性　サイマル出版社　Pp. 142-145.
☆7　林　竹二・灰谷健次郎　1986　教えることと学ぶこと　小学館　P.66.
☆8　灰谷健次郎　1984　わたしの出会った子どもたち（文庫版）　新潮社　Pp. 46-52.
☆9　西村繁男　1997　さらば，わが青春の「少年ジャンプ」　幻冬舎　Pp. 154-155.
☆10　斉藤次郎　1996　「少年ジャンプ」の時代　岩波書店　Pp. 23-25.
☆11　馬居政幸　1993　なぜ子どもは「少年ジャンプ」が好きなのか　明治図書　Pp. 29-30.
☆12　桜井哲夫　1997　不良少年　筑摩書房　Pp. 154-155.
☆13　永井　豪　1995　ハレンチ学園　全7巻　徳間書店
☆14　山田浩之　1999　マンガの「熱血教師」はどこへ消えたのか　論座　6月号　朝日新聞社

〈参考文献〉

麻生　誠　1983　学歴社会の読み方　筑摩書房
斉藤次郎　1998　「子ども」の消滅　雲母書房
原田　彰　2000　マンガのなかの学校―「ハレンチ学園」の世界　広島大学教育学部教育学科（編）　教育科学　第24号
ボードリヤール，J.／今村仁司（訳）　1979　消費社会の神話と構造　紀伊國屋書店
本田和子　1999　変貌する子ども世界　中央公論新社
間々田孝夫　2000　消費社会論　有斐閣

終章

☆1　石川達三　1961　人間の壁 上・中・下巻（文庫版）　新潮社
☆2　灰谷健次郎　1984　兎の眼（文庫版）　新潮社
☆3　佐藤　学　1995　学び　その死と再生　太郎次郎社　P. 96.
☆4　林　竹二　1973　授業　人間について　国土社　Pp. 164-165.
☆5　赤坂憲雄　1991　排除の現象学　筑摩書房　P. 50.
☆6　山口昌男　1988　学校という舞台　講談社　P. 71.
☆7　デュルケーム，E.／麻生　誠・山村　健（訳）　1964　道徳教育論 1・2　明治図書　Pp. 71-72.
☆8　諏訪哲二　1999　なぜ学校は壊れたか（新書版）　筑摩書房
☆9　永山彦三郎　2002　現場から見た教育改革　筑摩書房
☆10　矢崎節夫　1998　みすゞさんへの手紙　JULA出版局　Pp. 96-97.
☆11　見田宗介　1996　現代社会の理論　岩波書店　Pp. 129-130, 141.
☆12　大江健三郎　2001　「自分の木」の下で　朝日新聞社
☆13　朝日新聞　2002年　1月5日号
☆14　佐藤　学　2002　佐藤学対談集・身体のダイアローグ　太郎次郎社
☆15　上野千鶴子・中村雄二郎　1994　「人間」を超えて　河出書房新社
☆16　中村雄二郎　1984　術語集―気になることば　岩波書店　Pp. 128-130.
☆17　永井　豪　1995　ハレンチ学園　全7巻　徳間書店
☆18　井上ひさし　1979　偽原始人　新潮社

☆44　林　竹二・灰谷健次郎　1986　教えることと学ぶこと　小学館　Pp. 286–288.
☆45　村井　実　1975　教育の再興　講談社　Pp. 94–96.
☆46　志水宏吉　1996「学校＝同化と排除の文化装置」こどもと教育の社会学　岩波講座・現代社会学第12巻　岩波書店　P. 59.
☆47　森口健司　2002　峠を越えて―全体学習が拓く教育のよろこび　徳島県板野郡板野町立板野中学校「峠の会」自費出版
☆48　山田洋次　1993　学校　同時代ライブラリー　岩波書店
〈参考文献〉
今江祥智　1984　解説　灰谷健次郎「兎の眼」新潮社
今江祥智　1985　牧歌　理論社
岩井好子　1989　オモニの歌　筑摩書房
大江健三郎　1970　沖縄ノート　岩波書店
大平　健　1995　やさしさの精神病理　岩波書店
金子みすゞ　1984　金子みすゞ全集　JULA出版
菊池澄子・他（編）1990　やさしさと出会う本　ぶどう社
栗原　彬　1994　やさしさのゆくえ―現代青年論　筑摩書房
栗原　彬　1982　管理社会と民衆理性　新曜社
斉藤喜博・林　竹二　1978　子どもの事実　筑摩書房
佐藤忠男　1992　みんなの寅さん　朝日新聞社　1992
清水真砂子　1984　子どもの本の現在　大和書房
竹内オサム　1996　文芸の中の子育て　原田　彰（編）子育て「大変な時代」教育開発研究所
竹内整一　1997　日本人は「やさしい」のか　筑摩書房
鶴見和子　1993　漂泊と定住と　筑摩書房
中上健次　1993　地の果て至上の時（文庫版）新潮社
中村雄二郎　1992「臨床の知」とは何か　岩波書店
野間　宏　1983–1984　青年の環　全５巻（文庫版）岩波書店
野本三吉　1972　いのちの群れ　社会評論社
原田　彰　1994「やさしさ」の分析―1970年代の日本文学　片岡徳雄（編）文芸の教育社会学　福村出版
土方　鉄　1979　差別と表現　（部落解放新書・改装版）解放出版社
見田宗介　1987　白いお城と花咲く野原　朝日新聞社
森　毅　1988　まちがったっていいじゃないか（文庫版）筑摩書房
渡部直巳　1994　日本近代文学と「差別」太田出版

3章

☆１　藤田英典　1997　教育改革　岩波書店　Pp. 205–207.
☆２　油布佐和子（編）　1999　教師の現在・教職の未来　シリーズ子どもと教育の社会学５　教育出版　P. 145.
☆３　藤本浩之輔（編）　1996　子どものコスモロジー　人文書院　Pp. 40–46.
☆４　斉藤次郎　1975　子どもたちの現在　風媒社　P. 32, 345.
☆５　天野郁夫　1982　産業社会と学校教育　友田泰正（編）教育社会学　東信堂　P. 113

☆5　灰谷健次郎　1984　兎の眼（文庫版）　新潮社
☆6　斉藤隆介　1976　ベロ出しチョンマ（文庫版）　角川書店　P. 101.
☆7　斉藤隆介　1982　斉藤隆介全集　第2巻　岩崎書店　P. 202.
☆8　寺田　知　1986　住田さんを悼む　社会啓発情報第30号　部落解放研究所　P. 60.
☆9　松下竜一　1976　やさしさと抵抗　中村紀一・他（共著）住民運動“私”論　学陽書房　P. 117.
☆10　真木悠介　1986　気流の鳴る音（文庫版）　筑摩書房
☆11　日高六郎　1980　戦後思想を考える　岩波書店
☆12　堀口牧子　1978　現代日本の差別意識　三一書房　P. 200.
☆13　松田道雄　1979　女と自由と愛　岩波書店　P. 16.
☆14　高　史明　1987　いのちの優しさ（文庫版）　筑摩書房
☆15　石牟礼道子　1972　苦海浄土（文庫版）　講談社
☆16　中村雄二郎　1980　近代原理を相対化するもの　世界　第419号　10月号　27-43.
☆17　中村雄二郎　1984　術語集　岩波書店　Pp. 186-190.
☆18　庄司　薫　1973　赤頭巾ちゃん気をつけて（文庫版）　中央公論新社
☆19　栗原　彬　1987　やさしさの存在証明　新曜社
☆20　笠原　嘉　1977　青年期　中央公論新社　Pp. 215-220.
☆21　三田誠広　1988　僕って何（文庫版）　角川書店
☆22　今江祥智　1987　優しさごっこ（文庫版）　新潮社　P. 137.
☆23　長谷川集平　1991　「はせがわくんきらいや」　現代童話Ｖ　福武書店
☆24　上野　瞭　1991　「まがり角」の発想　現代童話Ｖ　福武書店　Pp. 376-378.
☆25　柄谷行人　1992　朋輩　中上健次　文学界　10月号　180.
☆26　花崎皋平　1981　生きる場の哲学　岩波書店　P. 12.
☆27　花崎皋平　1984　生きる場の風景　朝日新聞社　P. 17.
☆28　土居健郎　1971　「甘え」の構造　弘文堂
☆29　土居健郎　2001　続「甘え」の構造　弘文堂
☆30　大江健三郎・他　1990　自立と共生を語る　三輪書店　P. 30.
☆31　大江健三郎　1985　「生き方」の定義　岩波書店
☆32　竹内敏晴　1988　ことばが劈かれるとき（文庫版）　筑摩書房　P. 246.
☆33　鶴見俊輔　1976　いくつもの鏡　朝日新聞社　P. 279.
☆34　清水真砂子　1979　解説―今江文学の起点　今江祥智（編）山のむこうは青い海だった　理論社　P. 251.
☆35　灰谷健次郎　1981　島へゆく　理論社
☆36　花崎皋平　1986　解放の哲学をめざして　有斐閣　P.201.
☆37　高　史明　1986　大きな命の優しさを信じて欲しい　世界　4月号　24.
☆38　フロム，E.／作田啓一（訳）　1970　希望の革命―技術の人間化をめざして　紀伊国屋書店
☆39　鑪　幹八郎　1998　恥と意地　講談社　Pp. 115-124.
☆40　林　竹二　1978　教えるということ　国土社
☆41　林　竹二　1973　授業　人間について　国土社
☆42　林　竹二　1978　教師たちとの出会い　国土社
☆43　林　竹二　1977　教育の再生をもとめて　筑摩書房

深谷昌志　1996　子どもの生活史　黎明書房
見田宗介　1995　現代日本の感覚と思想　講談社
無着成恭（編）　1995　山びこ学校（文庫版）　岩波書店

1章

☆1　壺井　栄　1999　二十四の瞳（文庫版）　新潮社
☆2　近藤芳美　1974　無名者の歌　新塔社
☆3　広島平和教育研究所（編）　1973　戦前の教育と私　朝日新聞社
☆4　佐藤忠男　1974　民主主義の逆説　筑摩書房　P. 131.
☆5　佐藤忠男　2001　映画の真実　中央公論新社　Pp. 114–115.
☆6　石川達三　1961　人間の壁 上・中・下巻（文庫版）　新潮社
☆7　森崎和江　1984　慶州は母の呼び声　新潮社
☆8　志水宏吉・清水睦美（編）　2001　ニューカマーと教育　明石書店
☆9　石川達三　2001　人間の壁 下巻（文庫版）　岩波書店　Pp. 407–408.
☆10　村井　実　1975　教育の再興　講談社 Pp. 73–76.
☆11　上野千鶴子　1996　複合差別論　岩波講座「現代社会学」第15巻　差別と共生の社会学　岩波書店　Pp.201–204.
☆12　小畑清剛　1996「レトリックのパラドックス」と差別化　栗原　彬（編）「差別の社会理論」講座・差別の社会学 1　弘文堂　Pp. 159–165.
☆13　氷上　正　1974　斉藤喜博の短歌と人間　国土社
☆14　斉藤喜博　1963　私の教師論　麦書房　P. 35.
☆15　斉藤喜博　1996　君の可能性（文庫版）　筑摩書房
☆16　無着成恭（編）　1995　山びこ学校（文庫版）　岩波書店　Pp. 157–158.
☆17　フロム，E.／作田啓一（訳）　1970　希望の革命―技術の人間化をめざして　紀伊國屋書店
☆18　鶴見俊輔　1976　いくつもの鏡　朝日新聞社　P. 111.
☆19　佐藤文彦　1981　人間の生き方と同和教育　部落問題研究所
☆20　村井　実　1964　人間の権利　講談社　P. 89.

〈参考文献〉

佐野真一　1992　遠い「山びこ」―無着成恭と教え子たちの四十年　文芸春秋
島崎藤村　1957　破戒（文庫版）　岩波書店
高崎宗司　2002　植民地朝鮮の日本人　岩波書店
田山花袋　1952　田舎教師（文庫版）　新潮社
畑山　博　1988　教師　宮沢賢治の仕事　小学館
堀内　学　1971　教育者　日本放送出版協会
斉藤喜博　1958　学校づくりの記　国土社

2章

☆1　見田宗介　1995　現代日本の感覚と思想（文庫版）　講談社
☆2　高　史明　1986　生きることの意味（文庫版）　筑摩書房
☆3　灰谷健次郎　1986　太陽の子（文庫版）　新潮社
☆4　灰谷健次郎　1984　わたしの出会った子どもたち（文庫版）　新潮社

文献

序章

☆1　山田浩之　1999　マンガの「熱血教師」はどこへ消えたか　論座　6月号　朝日新聞社　32-37.
☆2　大江健三郎　2001　鎖国してはならない　講談社　P. 272.
☆3　金子みすゞ　1995　明るい方へ　JULA出版局　Pp. 157-159.
☆4　石川達三　1961　人間の壁・上巻（文庫版）　新潮社　P. 37.
☆5　片岡徳雄（編）　1994　文芸の教育社会学　福村出版　P. 14, 24.
☆6　作田啓一　1981　個人主義の運命　岩波書店　Pp. 9-10.
☆7　村井　実　1975　教育の再興　講談社　P. 94.
☆8　グッドソン，I. F.／藤井　泰・山田　浩之（編訳）　2001　教師のライフヒストリー——「実践」から「生活」の研究へ　晃洋書房　P. 198.
☆9　清水義弘　1978　教育社会学　清水義弘著作集第1巻　第一法規　Pp. 88-96
☆10　久野　収・鶴見俊輔・藤田省三　1995　戦後日本の思想　同時代ライブラリー　岩波書店　P. 172, 186.
☆11　鶴見俊輔　1976　いくつもの鏡　朝日新聞社　Pp. 174-175.

〈参考文献〉

伊ヶ崎暁生　1974　文学でつづる教育史　民衆社
今津孝次郎・樋田大二郎（編）　1997　教育言説をどう読むか　新曜社
上野千鶴子　2000　上野千鶴子が文学を社会学する　朝日新聞社
香川大学教育学研究室（編）　1999　教育という「物語」　世織書房
片岡徳雄　2001　いま，子どもと本を楽しもう　北大路書房
亀山佳明・富永茂樹・清水・学（編）　2002　文化社会学への招待　世界思想社
小西健二郎　1955　学級革命　牧書店
作田啓一　1967　恥の文化再考　筑摩書房
作田啓一・富永茂樹（編）　1984　自尊と懐疑—文芸社会学をめざして　筑摩書房
佐高　信　2001　文学で社会を読む　岩波書店
澤田　直　2002　「呼びかけ」の経験—サルトルのモラル論　人文書院
陣内靖彦（編）　2000　メディアに描かれた教師像　東京学芸大学大学院修士課程「教育社会学特講」平成11年度調査報告書　東京学芸大学教育社会学研究室
谷川彰秀　2000　マンガ—教師に見えなっかた世界　白水社
東井義雄　1957　村を育てる学力　明治図書
ニスベット，R. A.／青木康容（訳）　1980　想像力の復権　ミネルヴァ書房
日本子ども社会学会（編）　1999　いま，子ども社会に何が起こっているか　北大路書房

刊行にあたって

日本子ども社会学会は1994年６月に発足し，10年目に入った若い学会である。子どもの側に立って「子ども」と「子ども社会」の問題を研究するのが目的で，会員は教育学，教育社会学，発達心理学，臨床心理学，児童精神医学，児童福祉学，児童文学など，多様な領域の専門家から構成されている。会員の中には，大学に籍を置く研究者はむろん，小中学校や幼稚園，福祉施設などで，日常的に子どもと接している人びとも多い。

その後，研究大会の開催や学会紀要の刊行などを中心に，学会活動を展開し，学会のメンバーも順調な増加を示している。学会発足時の性格を反映して，本学会の研究は，子どもの問題を実証的にとらえ，子どもの視点で対応を考えるという問題解決的な色彩が強いことを特色としている。

学会のそうした研究成果の一端は，1999年に『いま，子ども社会に何がおこっているか』（北大路書房）として刊行することができた。

学会の研究成果の刊行は，専門分野に関連した事典やハンドブックの形が一般的だ。専門家の協力を得やすいし，専門的なレベルも保てるので，こうした企画は学会の性格に適していると思われる。

しかし，今日，あらゆる学問領域で専門分野の細分化が進み，細分化された諸領域での研究が深まる反面，そうした諸研究の総合化がなおざりになっている。あるいは，隣接する領域の動向が視野からはずれる傾向も生じている。

それだけに，細分化の成果を踏まえつつ，総合的視点も持った，骨組みのしっかりとした研究の必要性が感じられる。そこで，子どもと子ども社会研究の成果を書き下ろす「単著シリーズ」の刊行を企画した。

研究者歴が長くなると，雑用が増し，初心を忘れがちになる。それぞれの筆者に，長い研究者歴の中で生み出してきた知見をまとめてほしいと思った。それが，「日本子ども社会学会セレクション」である。今回は４冊と限られているが，今後，第２期企画を検討したいと考えている。

さいわい，前著に続き，北大路書房のご協力を得ることができた。出版事情の厳しい現在，企画に賛同していただいた北大路書房に感謝しているとともに，本学会のいっそうの発展を願っている。

2003年５月５日　子どもの日に

日本子ども社会学会会長

深谷　昌志

原田　彰（はらだ・あきら）

1937年　朝鮮慶州に生まれる

1965年　広島大学教育学研究科博士課程単位取得満期退学

現　在　呉大学社会情報学部教授，広島大学名誉教授（教育学博士）

主著・論文　デュルケム道徳教育論入門（共著）　有斐閣　1978年

デュルケーム教育理論の研究　渓水社　1991年

子育て「大変な時代」（編著）　教育開発研究所　1996年

学力問題へのアプローチ―マイノリティと階層の視点から―（編著）　多賀出版　2003年

聖なる物語としての公教育―デュルケーム教育理論の再考―『変動社会のなかの教育・知識・権力』　新曜社　2000年所収

デュルケームの学級社会学　『子ども社会研究』第７号　ハーベスト社　2001年

日本子ども社会学会セレクション

教師論の現在
文芸からみた子どもと教師

Printed in Japan.　ISBN4-7628-2323-6
印刷・製本／㈱シナノ

定価はカバーに表示してあります。
検印省略

2003年６月10日　初版第１刷印刷
2003年６月20日　初版第１刷発行

著　　者　原田　彰
発 行 者　小森公明
発 行 所　㈱北大路書房

〒603-8303　京都市北区紫野十二坊町12-8
電話（075）431-0361㈹
FAX（075）431-9393
振替　01050-4-2083

落丁・乱丁本はお取り替えいたします